NAGASAKI

47 都道府県ご当地文化百科
長崎県

丸善出版 編

丸善出版

刊行によせて

　「47都道府県百科」シリーズは、2009年から刊行が開始された小百科シリーズである。さまざまな事象、名産、物産、地理の観点から、47都道府県それぞれの地域性をあぶりだし、比較しながら解説することを趣旨とし、2024年現在、既に40冊近くを数える。

　本シリーズは主に中学・高校の学校図書館や、各自治体の公共図書館、大学図書館を中心に、郷土資料として愛蔵いただいているようである。本シリーズがそもそもそのように、各地域間を比較できるレファレンスとして計画された、という点からは望ましいと思われるが、長年にわたり、それぞれの都道府県ごとにまとめたものもあれば、自分の住んでいる都道府県について、自宅の本棚におきやすいのに、という要望が編集部に多く寄せられたそうである。

　そこで、シリーズ開始から15年を数える2024年、その要望に応え、これまでに刊行した書籍の中から30タイトルを選び、47都道府県ごとに再構成し、手に取りやすい体裁で上梓しよう、というのが本シリーズの趣旨だそうである。

　各都道府県ごとにまとめられた本シリーズの目次は、まずそれぞれの都道府県の概要（知っておきたい基礎知識）を解説したうえで、次のように構成される（カギカッコ内は元となった既刊のタイトル）。

Ⅰ　歴史の文化編
　「遺跡」「国宝／重要文化財」「城郭」「戦国大名」「名門／名家」「博物館」「名字」
Ⅱ　食の文化編
　「米／雑穀」「こなもの」「くだもの」「魚食」「肉食」「地鶏」「汁

i

物」「伝統調味料」「発酵」「和菓子／郷土菓子」「乾物／干物」
Ⅲ　営みの文化編
　　「伝統行事」「寺社信仰」「伝統工芸」「民話」「妖怪伝承」「高校野球」「やきもの」
Ⅳ　風景の文化編
　　「地名由来」「商店街」「花風景」「公園／庭園」「温泉」

　土地の過去から始まって、その土地と人によって生み出される食文化に進み、その食を生み出す人の営みに焦点を当て、さらに人の営みの舞台となる風景へと向かっていく、という体系を目論んだ構成になっているようである。
　この目次構成は、一つの都道府県の特色理解と、郷土への関心につながる展開になっていることがうかがえる。また、手に取りやすくなった本書は、それぞれの都道府県に旅するにあたって、ガイドブックと共に手元にあって、気になった風景や寺社、歴史に食べ物といったその背景を探るのにも役立つことだろう。

　　　　　　　　　　＊　　　　　＊　　　　　＊

　さて、そもそも47都道府県、とは何なのだろうか。47都道府県の地域性の比較を行うという本シリーズを再構成し、47都道府県ごとに紹介する以上、この「刊行によせて」でそのことを少し触れておく必要があるだろう。
　日本の古くからの地域区分といえば、「五畿七道と六十余州」と呼ばれる、京都を中心に道沿いに区分された8つの地域と、66の「国」ならびに2島に分かつ区分が長年にわたり用いられてきた。律令制の時代に始まる地域区分は、平安時代の国司制度はもちろんのこと、武家政権時代の国ごとの守護制度などにおいて（一部の広すぎる国、例えば陸奥などの例外はあるとはいえ）長らく政治的な区分でもあった。江戸時代以降、政治的区分としては「三百諸侯」とも称される大名家の領地区分が実効的なものとなるが、それでもなお、令制国一国を領すると見なされた大名を「国持」と称するなど、この区分は日本列島の人々の念頭に残り続けた。
　それが大きく変化するのは、明治維新からである。まず地方区分

は旧来のものにさらに「北海道」が加わり、平安時代以来の陸奥・出羽の広大な範囲が複数の「国」に分割される。政治上では、まずは京・大阪・東京の大都市である「府」、中央政府の管理下にある「県」、各大名家に統治権を返上させたものの当面存続する「藩」に分割された区分は、大名家所領を反映して飛び地が多く、中央集権のもとで中央政府の政策を地方に反映させることを目指した当時としては、極めて使いづらいものになっていた。そこで、まずはこれら藩が少し整理のうえ「県」に移行する。これがいわゆる「廃藩置県」である。これらの統合が順次進められ、時にあまりに統合しすぎて逆に非効率だと慌てつつ、1889年、ようやく1道3府43県という、現在の47の区分が確定。さらに第2次世界大戦中の1943年に東京府が「東京都」になり、これでようやく1都1道2府43県、すなわち「47都道府県」と言える状態になったのである。これが現在からおよそ80年前のことである。また、この間に地方もまとめ直され、京都を中心とみるのではなく複数のブロックで扱うことが多くなった。本シリーズで使っている区分で言えば、北海道・東北・関東・北陸・甲信・東海・近畿・中国・四国・九州及び沖縄の10地方区分だが、これは今も分け方が複数存在している。

だいたいどのような地域区分にも言えることではあるのだが、地域区分は人が引いたものである以上、どこかで恣意的なものにはなる。一応1500年以上はある日本史において、この47都道府県という区分が定着したのはわずか80年前のことに過ぎない。かといって完全に人工的なものかと言われれば、現代の47都道府県の区分の多くが旧六十余州の境目とも微妙に合致して今も旧国名が使われることがあるという点でも、境目に自然地理的な山や川が良く用いられているという点でも、何より我々が出身地としてうっかり「○○県出身」と言ってしまう点を考えても（一部例外はあるともいうが）、それもまた否である。ひとたび生み出された地域区分は、使い続けていればそれなりの実態を持つようになるし、ましてや私たちの生活からそう簡単に逃れることはできないのである。

* * *

各都道府県ごとにまとめ直す、ということは、本シリーズにおい

ては「あえて」という枕詞がつくだろう。47都道府県を横断的に見てきたこれまでの既刊シリーズをいったん分解し、各都道府県ごとにまとめることで、私たちが「郷土性」と認識しているものがどのようにして構築されたのか、どのように認識しているのかを、複数のジャンルを横断することで見えてくるものがきっとあるであろう。もちろん、47都道府県すべての巻を購入して、とある県のあるジャンルと、別の県のあるジャンルを比較し、その類似性や違いを考えていくことも悪くない。あるいは、各巻ごとに精読し、県の中での違いを考えてみることも考えられるだろう。

　ともかくも、地域性を考察するということは、地域を再発見することでもある。我々が普段当たり前だと思っている地域性や郷土というものからいったん身を引きはがし、一歩引いて観察し、また戻ってくることでもある。有名な小説風に言えば、「行きて帰りし」である。

　本シリーズがそのような地域性を再発見する旅の一助となることを願いたい。

　2024年5月吉日

　　　　　　　　　　　　　　　　　　　　　　　執筆者を代表して
　　　　　　　　　　　　　　　　　　　　　　　森　岡　　浩

目　　次

知っておきたい基礎知識　1

基本データ（面積・人口・県庁所在地・主要都市・県の植物・県の動物・該当する旧制国・大名・農産品の名産・水産品の名産・製造品出荷額）／県章／ランキング1位／地勢／主要都市／主要な国宝／県の木秘話／主な有名観光地／文化／食べ物／歴史

I　歴史の文化編　11

遺跡 12 ／国宝/重要文化財 18 ／城郭 23 ／戦国大名 29 ／名門・名家 33 ／博物館 39 ／名字 44

II　食の文化編　51

米/雑穀 52 ／こなもの 58 ／くだもの 63 ／魚食 68 ／肉食 72 ／地鶏 79 ／汁物 85 ／伝統調味料 90 ／発酵 94 ／和菓子/郷土菓子 98 ／乾物/干物 105

III　営みの文化編　111

伝統行事 112 ／寺社信仰 117 ／伝統工芸 123 ／民話 128 ／妖怪伝承 134 ／高校野球 140 ／やきもの 146

Ⅳ 風景の文化編 149

地名由来 150 ／商店街 156 ／花風景 162 ／公園/庭園 168 ／温泉 174

執筆者 / 出典一覧 178
索　引 180

【注】本書は既刊シリーズを再構成して都道府県ごとにまとめたものであるため、記述内容はそれぞれの巻が刊行された年時点での情報となります

長崎県

知っておきたい基礎知識

- 面積：4130 km^2
- 人口：125万人（2024年速報値）
- 県庁所在地：長崎市
- 主要都市：佐世保、平戸、諫早、島原、大村、五島、対馬、壱岐
- 県の植物：雲仙ツツジ（ミヤマキリシマ）（花）、ツバキ（花木）、ヒノキ（林木）
- 県の動物：オシドリ（鳥）、九州シカ（獣）
- 該当する令制国：西海道肥前国（九州本島と周辺諸島）、壱岐国（壱岐周辺）、対馬国（対馬周辺）
- 該当する領主：佐賀藩（鍋島氏）、平戸藩（松浦氏）、福江藩（五島氏）、対馬藩（宗氏）など
- 農産品の名産：ビワ、ミカン、イチゴ、ジャガイモ、アスパラガスなど
- 水産品の名産：サバ、タイ、クロマグロ、フグなど
- 製造品出荷額：1兆6229億円（2021年経済センサス）

●県　章

「NAGASAKI」の頭文字であるNを、海と空をイメージした青地で、また平和の象徴である鳩を取り入れて図案化したもの。

●ランキング1位

・キリスト教徒の割合　人口では東京が上回るものの、割合では県人口の4％（2024年時点で62,000人）を占めている。これはローマ・カトリックの大司教座が日本において大阪・東京の2大都市以外では唯一長崎に置かれていることからも示されている。有名な島原の乱や、17世紀初頭の禁教令以降、16世紀中盤という早くに布教が行われたためにそもそもの信徒人口が多かった長崎県、特に長崎市外海地区や平戸市周辺の一帯（中期以降は大村地域からの移住により五島列島も）には潜伏しての信仰が維持され、「隠れキリシタン」とよばれる独自の信仰に変化しつつも信徒の共同体は維持されてきた。ただし、五島列島などは近年過疎化も進み、信徒の人口も減少傾向にある。

●地　勢

　九州地方の北西部の多島海を占める県である。その海岸線は多数の半島と島を抱えて大きく入り組んでおり、全都道府県中2位の海岸線の長さを持つ由縁となっている。また、リアス海岸が多いことからもわかる通り沿岸部にはほとんど平地が存在せず、本土では最大級の諫早平野に次いで広い平野は壱岐島にあることはあまりにも有名である。一方でこのため比較的水深が深い港が多く、県庁所在地の長崎や、北部最大の都市佐世保、対馬の中心地厳原などはいずれも港町として発展している。

　大きな半島としては、雲仙普賢岳を中央に抱える島原半島や、北に延びて大村湾の入り海を形成する西彼杵半島、平戸島に向かって伸びる北松浦半島があげられる。さらに、目を転じて島々に移ると、まず北松浦半島の沖に南北に延びる平戸島がある。北方に浮かぶ壱岐島は入り組んだ海岸線の一方で先述した比較的平坦な地形が特徴であり、そのさらに北に浮かぶ山がちな対馬とは好対照をなす。対馬は中央部に大きな入り江を抱えており、また日本列島の全島中でもっとも朝鮮半島に近い境界の島でもある。西に移ると五島列島の島々が浮かんでおり、いずれも火山性の地質を持つ。この五島に挙げられるのは、北から中通島、若松島、奈留島、久賀島、福江島を指すことが多い。

●主要都市
・**長崎市** 県の中部、西彼杵半島の付け根と野母崎半島の間にある長い入江に戦国時代の末期から発展した港湾都市たる県庁所在地。江戸時代には国内唯一の公認海外貿易港としてオランダ人や中国人が出入りし、近代においても上海航路などの海外に向かう船の寄港地として、造船をはじめとした海事産業の集積地として発展した。
・**佐世保市** 明治時代に海軍の鎮守府がおかれたことによって急速に発展し、現在も海上自衛隊の基地とアメリカ海軍の基地が所在する軍港都市。平地は長崎以上に少なく、がけや斜面に延びた街並みや、アメリカの影響を受けた文化を特徴とする。
・**平戸市** 平戸島の北端、海峡を挟んで九州本島の北松浦半島と向かい合うところにある、戦国時代以来の城下町。戦国時代の末期から江戸時代の初期まではヨーロッパ船が来航する南蛮貿易の拠点の一つでもあった。
・**諫早市** 島原半島と西彼杵半島が分岐する付け根にある陸上交通の要衝として、また佐賀藩重臣であった諫早氏の本拠地として栄えた都市。長崎県内では比較的平地があるあたりだが、水害の被害もたびたび被ってきた。この水害被害の記憶は、漁民との対立としても語られる諫早湾干拓事業にも影を落としている。
・**島原市** 南部の島原半島の東岸、有明海に面した江戸時代以来の城下町を直接の由来とする都市。市中心部の西にそびえる雲仙普賢岳は、平成の大噴火をはじめとして市域に深刻な被害を与えている。
・**五島市** 江戸時代に城下町であった福江島東部の福江の町を中心に、平成の大合併で周辺の市町村が合併してできた都市。市域には多数の教会がある。また、福江の石田城は日本で最後に築城された城としても知られる。
・**大村市** かつての大村藩の城下町として栄えた都市。

●主要な国宝
・**大浦天主堂** 長崎市の中心部から見てやや南側の大浦地区にある、1864年に竣工した国内現存最古のキリスト教聖堂建築。原爆の爆風による破損の被害や修繕も経たが、ゴシック様式の尖塔や内部などは当時の様式を残している。また、聖堂の聖別(キリスト教の宗教的行事に使う建築物として祝福すること)直後の1865年に、地元の隠れキリシタンが神父のもとを

訪れて信仰を告白したことは、江戸時代を通じてキリスト教信仰が生き延びた「信徒発見」として有名になった。聖堂自体も1597年に長崎で処刑された「二十六聖人」の祈念のために建てられたものである。
・崇福寺(そうふくじ)　長崎市の古くからの中心地である浜町の東、丘のふもとにある中国風の寺院。1629年に、中国福州出身の商人の求めに応じて建立された。国宝に指定されているのは第一峰門(だいいっぽうもん)と大雄宝殿(だいゆうほうでん)である。第一峰門は1695年に、中国寧波(にんぽー)から木材や部材を運んで、吉祥文様(きっしょうもんよう)や朱塗りを施したものである。長崎の中国商人は江戸時代の1689年以降、「唐人屋敷」(とうじんやしき)と呼ばれる専用居住地区への居住を義務付けられたが、崇福寺をはじめとした3つの寺は「唐寺」として、参拝なども年中行事などで許されていた。

●県の木秘話

・雲仙ツツジ　ミヤマキリシマの名で鹿児島県の県の花ともなっている、ツツジ科の低木。温暖な気候の地域にある山岳地帯を好み、長崎県ではその名の通り、島原半島の雲仙岳にある大群落が知られている。
・ツバキ　温暖な地域を好んで赤い花を咲かせる花木。特に五島列島にはツバキが多数自生しており、その実からとれるツバキ油はそのままの用途のほか、五島列島名産のそうめんの生産などにも用いられている。また、長崎市外海地域には、江戸時代の初頭に日本人のキリスト教伝道師が十字を指で切った後が長く残っていたという「バスチャンの椿」伝説がある。

●主な有名観光地

・グラバー邸　長崎市中心部の南にある大浦地区にある、明治時代初頭の洋風建築だが、日本人大工による施工もあって和風の要素も数多くみられる。グラバーは江戸時代の末期に来訪し、その死まで50年近く日本にとどまり続けたスコットランド出身の商人で、長崎の主産業となる近代造船業などにも先鞭をつけた人物として知られている。
・浦上天主堂(うらかみてんしゅどう)と平和公園　観光地とは言えないが、1945年8月9日に、世界で2番目に都市を目標として原子爆弾が落とされ、7万人の死者をもたらした、その爆心地近くにあたる。浦上地区はほぼ壊滅したうえ、直接の被害を免れた市街地中心部にも強い爆風がおよび、現在に至るまで傾いたままの建物がいくつか残っている。浦上天主堂では投下時刻にちょうどミサが行われており、参列者全員が即死した。現在は再建されているものの、

被ばくした聖人像がその惨禍を物語っている。
・雲仙岳　南部の島原半島にそびえる活火山。その周辺には小浜温泉や雲仙温泉などが噴出し、近代には長崎の外国人にとっての保養地ともなっていた。ただし、県内どころか国内でも屈指の活火山であり、平成の大噴火では火砕流が発生して死者も出ている。
・九十九島と平戸島　九十九島は北松浦半島の西沿岸に浮かぶ広大なリアス海岸の総称であり、その島の数は200以上を数えている。「世界で最も美しい湾クラブ」の一角でもある。この九十九島の北に浮かぶ平戸島は、早い潮流の一方で九州西岸の海路の要衝として栄え、平戸港の戦国時代後期から江戸時代にかけての南蛮貿易での隆盛はよく知られている。
・対　馬　山の多い対馬は厳原の浅茅湾の多島海などの自然美でも知られているが、その多くが対外関係の記憶と結びついている。例えば厳原では江戸時代の朝鮮通信使を記念した祭りが開催されており、小茂田浜には元寇に立ち向かった武士をまつる神社がある。
・壱　岐　壱岐島は青い海などが知られている。多数の神社の所在や、古代に壱岐地域を支配した勢力の中心地とされる原の辻遺跡など早くから開けていたことを示すものも多く。また壱岐牛などをはじめ特産品が多い。
・五島列島　多数の入江や島々を抱える五島列島には、牛や海産物などの特産品も豊富で、また島々の各所に明治時代のキリスト教禁教解除後に建てられた多数の教会が点在している。海が一望できる大瀬崎灯台などが知られている。

●文　化
・長崎くんち　1634年から、長崎の総鎮守ともされる諏訪神社の祭りとして開催されているイベント。長崎らしく古くから中国やオランダなどの風俗・流行も取り入れてきたことで知られており、現在でも中国風の龍踊りや派手な山車の巡航などが行われる。
・佐世保のジャズ　横浜などはアメリカ由来の即興音楽の様式であるジャズが、アメリカ軍などを通じて流入した都市として知られるが、佐世保もまた、1950年代に特にその隆盛を誇ったことで知られている。現在でも市内中心部には多数のジャズバーがあり、西日本有数のジャズフェスティバルが開催されることでも知られている。
・隠れキリシタン　外海・五島などに暮らしてきたキリスト教徒は、禁教

下において表向きは仏や神を信仰するふりをしつつ、独自の暦や、祈り文句「オラショ」などを伝え、また殉教者が出た場所やその遺物を信仰してきた。その多くは禁教解除後にカトリックなどに改めて参加したものの、先祖伝来のしきたりということでそのままの形式で信仰を続けた人々も多く、これを明治以降に「カクレ」とも呼びならわすようになった。

●食べ物

・佐世保バーガー　アメリカ軍が戦後に駐留した横須賀（神奈川県）などのほかの町と同じく、佐世保にも多数のアメリカ由来の文化が流入した。ハンバーガーもその一つであり、1950年代から多数の店で提供されるようになり、1990年代から地域を代表する食文化として売り出されている。また、和風ソースに薄切りの牛肉、レモンをスライスした「レモンステーキ」も、同時代に佐世保で生まれた名物として知られている。

・ちゃんぽんと皿うどん　明治時代に長崎の中華街で生まれたとされる料理で、皿うどんはカリカリに焼いた細麺の上にあんかけをかけて、ちゃんぽんは濃いスープに多数の具材を入れて麺と共に食する。長崎新地中華街の「新地」とは江戸時代の中国人居留地「唐人屋敷」の前に荷下ろしや倉庫のために作られた新しい土地という意味であり（とは言っても1700年ごろの造成）、明治時代の唐人屋敷の廃止とともに、より荷下ろしなどに便利な海側へと居留地が移っていった。

●歴　史

・古　代

日本列島の九州北部から朝鮮半島の南部にかけては、対馬海峡と対馬海流を挟み多島海が広がっている。『魏志倭人伝』が伝える通り、その最大ルートは対馬・壱岐を経由して那の津（福岡市博多）に向かうものだと推定されているが、古代においては対馬海峡の両岸にはかなりの交流があったらしいことが、発掘される墓や棺などの類似性などからも裏付けられている。また、中国の『宋書』中にある、古墳時代の400年前後の事項と推定される倭国の王・武の皇帝への文において「海を渡って95か国を制圧した」という記述がある。海峡を挟んで「任那」や「伽耶」などと呼ばれた朝鮮半島南部地域（現代の全羅南道周辺地域）に、7世紀初頭ごろまでは

当時の近畿地方の朝廷が勢力を及ぼそうとしたことは確からしい。『古事記』の国生み神話にも最初に生まれた8つの島のうちに壱岐と対馬が、またそのあとに生んだ島として五島列島と推定される「知訶島」とその西にある無人島である男女群島と推定される「両児島」の名が挙がっている。

沿岸航海や朝鮮半島沿岸経由の航海では対馬・壱岐ルートの重要性が現代まで続くが、ある程度遠洋航海ができるようになったり、また朝鮮半島との関係が悪化したりした時期には、五島列島を経由して東シナ海を横断して中国に向かう航路は重要になった。その初期の代表例は遣唐使であり、8世紀には新羅との関係がやや悪かったこともあって五島列島経由のこの海路が使用された。当時の豪族の勢力から肥後と一体とみなされていた肥前地域は、令制国として7世紀末までに分立したと考えられている。

海上の警備も重要であった。平安時代も重要航路としてにぎわった一方で、海賊も横行したためである。対馬・壱岐には警備として防人が配置されているが、特に朝鮮半島の統一王朝としての新羅の勢力が衰退する9世紀末には海賊が松浦地域や対馬、さらには肥後飽田郡(熊本市周辺)にまで襲来したという記録が確認されており、加えて1019年にはさらに北方の現在のロシア沿海州周辺の遊牧・採集民が対馬・壱岐・筑前北部地域を襲う「刀伊の入寇」事件が勃発している。特に後者の対応は防人というより、太宰府などに詰める在庁・在地の武士が中心となって行われており、この地域の武家と実力者の発生を物語るものとなっていた。

●中 世

対中国貿易は盛んになり、五島列島でも12世紀〜13世紀、平清盛が日宋貿易を推進したとされる時期から鎌倉時代にかけての陶器が多数、北部の小値賀島周辺の海底で発見されている。このころには県域全域で多数の荘園が形成されており、対馬を長く支配する宗氏も鎌倉時代に定着したとみられる。また、特に北部の松浦地域には平安時代の末期から水軍力も持つ多数の小武士団が割拠し、これが後世に松浦党とも呼ばれる。

交易の一方で、海域の治安もまた揺れ動いた。モンゴル帝国の一部として朝鮮半島の高麗を服属させた中国の元が、1274年に対馬・壱岐経由で博多湾方面での上陸をもくろんで侵攻。両島は武家・民間双方に多数の死者を出した(文永の役)。さらに1281年には、対馬・壱岐ルートに加え、その少し前に制圧された中国の南宋からも東シナ海を渡って元軍が再侵攻し

た（弘安の役）。この時も壱岐と対馬は激戦の末に多数の死者を出しているが、博多湾に防塁が築かれていたことと、南宋ルートの船団出発遅れがあって合流のために松浦郡の平戸島・鷹島近くにいったん撤退したところを日本側が襲うことができ、折からの悪天候にも助けられて元軍の壊滅に成功した。この時の沈没船は2011年になって発見されている。

さらに室町時代になると、松浦党や五島列島の小領主などを背景として、「倭寇」とよばれる海賊・商人が朝鮮半島や中国沿岸部にも広く横行した。最も早いもので13世紀前半に日本からの賊が出たことが朝鮮半島側の記録に残る。南北朝の内乱で国内の統制が緩み、また大陸側も元朝が国内の反乱に疲弊をしていた14世紀の中盤に第一の波があり、沿岸部の住民が売買され、米などが奪われた。ついには1419年に、倭寇の本拠地を対馬とにらんだ朝鮮王朝側が、倭寇の遼東半島攻めを聞いて対馬を攻めるという「応永の外寇」事件も発生した。日本国内では当時の中国明朝との関係悪化が同時期だったこともあって、元寇の再来かとうわさが飛び交い騒然としたものの、朝鮮との外交使節のやり取りにより倭寇対策の一環であることが室町幕府と共有されたため事件は収まった。また1450年代には対馬宗家と朝鮮との関係も回復し、同家が朝鮮と日本の間を取り持つという長く続く関係が定着した。倭寇自体も、事態を重く見た周辺の守護職による統制や、日明貿易（いわゆる勘合貿易）によって第一の波を終えている。

しかし、今度は16世紀の日本の戦国時代と、同時期の明の海禁政策（貿易の国家統制）が重なり、密貿易が横行した。こうした密貿易を行った者たちも倭寇と呼ばれるようになる。長崎県域に関係する人物では、王直という中国南部の商人が1540〜1550年代にかけて平戸と五島列島を中心に手広く密貿易を行い、さらに同時期の鉄砲の種子島（鹿児島県）への伝来にも関わったとされている。

こうして南からの海路も長崎県域の歴史に深く関わる中、それが顕著に表れたのがキリスト教である。1549年、鹿児島に上陸したイエズス会の宣教師であるフランシスコ・ザビエルは翌年の1550年に平戸へと移り、周辺で布教を行った。松浦地域を支配する平戸の松浦氏が南蛮貿易を推進して栄えるなか、南隣の大村氏も貿易の利を狙い、1571年にはキリスト教布教をめぐる松浦氏とポルトガル商船との対立に乗じて、長崎をポルトガル船向けの港として開港した。さらに南の島原半島を領する有馬氏もキリシタン大名となるなど、キリスト教と対ヨーロッパ貿易は広まりを見せた。

8

しかし、豊臣秀吉による九州制圧から少し後の1587年、宣教師の公然とした布教を禁止したバテレン（宣教師）追放令が発せられる。さらに豊臣政権末期には対馬を補給地として、朝鮮侵攻（文禄の役・慶長の役）が行われ、現代にいたるまで朝鮮側・日本側双方の苦い記憶となる、朝鮮半島での多数の死者と被害を出している。

　一方で、県域では江戸時代に向け、主要な豪族の近世大名化が進みつつあった。大村氏は長崎を豊臣家領として取り上げられるものの、大村氏、松浦氏、有馬氏などの主要な豪族は存続して江戸時代を迎える。

● 近　世

　豊臣家から継承される形で徳川氏の直轄領になった長崎は、当初は朱印船貿易の拠点として、東南アジア諸国との貿易の窓口となる。また、平戸には1609年にオランダ東インド会社が拠点を置き貿易を拡大する（1613〜1623年はイギリス商館も設置）。しかし、朱印船は1635年に停止し、また1641年にオランダ商館の平戸から長崎への移転が幕府から命じられる。この時、出島はすでに完成し、また中国船の寄港も長崎へと制限されたため、これをもって江戸時代の長崎貿易の枠組みが確定した。

　目を転じて対馬では、朝鮮侵攻からの国交回復が、徳川氏も半ば黙認のうえでの国書偽造まで含めて1607年中には成立するなど迅速に行われた。かくしてこちらも江戸時代を通じて、朝鮮人参や生糸などの交易が続いていく。

　一方、キリスト教は、1612年に長崎で発生したキリシタンが絡んだ贈収賄事件「岡本大八事件」をきっかけに禁教が始まる。この時、島原の領主であった有馬氏が事件の当事者として転封になり、代わった松倉氏が悪政を敷いたことにより、キリシタン信仰と各地の浪人とが結合した反乱である「島原・天草一揆」が引き起こされ、乱の鎮圧によって全面的な禁教という方針が確定した。関連して、宣教師の移入を警戒されたポルトガル船については、1639年に来航禁止の処置となっている。外海地区などに残された信徒は「隠れキリシタン」と呼ばれてひそかに信仰を続けた。

　こうして、江戸時代のあいだ県域は長崎を中核に発展した。長崎にはオランダ・中国の商船が来航したことから、海外知識の玄関口として、また海産物や銀、生糸の貿易の大拠点としてにぎわい、九州有数の都市として繁栄した。長崎街道はこの経緯から、移入品の砂糖にちなんで現代では

シュガーロードとも呼ばれている。貿易港としての地位を失った平戸の松浦氏は堅実に治世を続け、松浦静山（まつらせいざん）が名君として知られている。

しかし、県域全体での山の多さは、特に農民に対して全般的に貧しさももたらしている。特に五島列島では、領内の16歳の娘に例外なく3年間の無給奉公を義務付ける、大村藩領から移住させられた隠れキリシタンに（もとの住民がいるとはいえ）貧しい土地をあてがうなどが知られている。加えて1792年に雲仙岳近くの眉山（まゆやま）の山体崩壊「島原大変肥後迷惑（しまばらたいへんひごめいわく）」が発生し、有明海の津波や降灰によって島原とその対岸の肥後国（ひごのくに）（熊本県）に甚大な被害をもたらした。

●近 代

当然ながら幕末、公的な貿易港としての長崎港は海外知識の移入元としても、また各藩の資金調達の面からも非常に重要な意味を持った。実際、長崎の警護役を担っていた佐賀藩は、そのために幕末には海軍整備や近代鉄鋼・技術の開発に力をいれて有力藩の一角として知られていた。また、幕末の開港によって多数の商人も居留し、特にイギリス商人のグラバーは武器の販売などで薩摩藩や長州藩を支援した。

長崎が幕府直轄領である影響で、1869年には廃藩置県に先立って長崎県が設置され、1871年時点では、この長崎県と、旧佐賀藩領北部地域・対馬などを管轄する伊万里県（いまりけん）が設置されるが、翌年には早くも諫早や対馬などが長崎県へと移管され、1876年には佐賀県全域、つまり旧肥前国（ひぜんのくに）全域が長崎県となる。最終的に県域が確定するのは、1883年の佐賀県再設置の時である。

これ以降の長崎県は、海を中心とした県として発展する。唯一の貿易港としての地位は失ったが、戦前を通じて長崎は中国航路などの対外貿易港として、また、造船業などで栄えた。また佐世保の海軍（戦後は自衛隊）や五島の遠洋漁業など、多くの地域が海を元に発展している。一方で、その地ゆえに第二次世界大戦末期の1945年6月29日に佐世保大空襲があり、さらに8月9日には長崎市に原爆が投下され、広島とともに被爆地となった。普賢岳の大噴火は南部の島原に大きな被害を与えたが、現在も多くの観光客が長崎の異国情緒や、風光明媚な海を目指して来訪している。

【参考文献】
・瀬野精一郎ほか『長崎県の歴史』山川出版社、2012

I

歴史の文化編

遺　跡

原ノ辻遺跡（人面石）

地域の特色　　長崎県は、九州の最西端に位置する県。北は佐賀県、西は北松浦・肥前・西彼杵などの半島と五島列島の島々からなる。東南部は島原半島から有明海を隔てて熊本県に連なる。なお、島原半島には普賢岳（1,359ｍ）を主峰とする雲仙火山が見られる。また対馬・壱岐は、それぞれ福岡・佐賀両県に相対している。アジア大陸に最も近いという地勢的特徴もあり、完新世以前は大陸とも陸続きであった。県内では西北部を中心として旧石器時代の遺跡が多数認められており、人類の日本列島への展開ルートを考えるうえでも重要な地域といえる。海水準上昇による大陸との分離後も、対馬、壱岐などの島々を通して、大陸とのつながりが継続されており、縄文時代早期の曾畑式土器は、朝鮮半島の朝鮮櫛目文土器との類似性が指摘されている。そして中国史書における記述にあるように、弥生、古墳時代はもちろん、歴史時代に至るまで文化交流の幹道であったことは論をまたない。そうした大陸とのつながりを示す遺跡が多数認められるが、平野部が乏しいこともあり、内湾や入江を多く含む海岸線沿いの海浜部や丘陵平坦部に点在している。

　古代には肥前国の西半にあたり、平安時代の法令集『延喜式』主計上には、肥前国の貢進物として海産物が多いが、海岸線の長い地勢的な特性によるものと思われる。また、外敵の襲来に備え、軍団が置かれ、国内各地に烽が設けられて、備えを固めていたという。平安時代末期以降、松浦地方には嵯峨源氏の末流を称する松浦党が形成され、船を利用して貿易や水軍としての力をもった。中世には大宰府に鎮西探題が設置され、肥前国守護は鎮西探題が兼任し、鎌倉幕府滅亡まで継承された。そして戦国時代、松浦地方の波多氏、平戸松浦氏、杵島地方の後藤氏、彼杵郡の大村氏、島原半島の有馬氏、五島列島の宇久氏などが台頭、1550（天文19）年ポルトガル船が平戸に入港し、南蛮貿易の舞台として栄えた。1587（天正15）年の豊臣秀吉の九州平定により、県内では松浦氏、大村氏、有馬氏、五島

氏は本領を安堵され、近世を経て幕末に至る。長崎は幕府代官が支配し、長崎貿易を監督した。他方、キリシタン禁令により、平戸、大村、島原、五島列島では多くのキリスト教信者が弾圧を受け、潜伏キリシタン文化を生み出した。明治に入り廃藩置県により、肥前は佐賀県、蓮池県、小城県、鹿島県、唐津県、島原県、平戸県、福江県、大村県が置かれたが、その後の統廃合を経て、1883年、現在の県域が確定した。

主な遺跡

泉福寺洞窟（せんぷくじどうくつ）
＊佐世保市：相浦川左岸の丘陵の南斜面砂岩壁、標高約90mに位置　時代 旧石器時代〜縄文時代草創期　史

1969年に地元の中学生によって発見され、1970年から佐世保市教育委員会により麻生優（あそうまさる）が中心となって調査を行った。旧石器時代から平安時代までの12層にわたる遺物包含層を確認し、ナイフ形石器を含む文化層を最下層として、その上に細石刃文化層が厚く認められた。そのさらに上の10層では、縄文時代草創期の豆粒文土器が出土し、熱ルミネッセンス法による自然科学的分析で、約1万2,000年前という世界的にも古い値が測定され、話題となった。同じく草創期の土器の1つである隆起線文土器との前後関係など、編年的な位置づけについては、いまだ議論の途上であり、今後の検証が期待される。

なお、県北部にはこうした洞穴遺跡が点在しており、本洞窟の北約10kmに位置する福井洞窟（佐世保市）は、同じく旧石器時代終末期から縄文時代草創期を主体とする遺跡で、15層のうち7層に遺物を伴う文化層が認められ、最下層からは大型両面加工石器が出土し、炭素14年代測定で約3万1,900年前の値が算出された。また、上位の第2・3層からはそれぞれ爪形文土器と隆起線文土器が出土するとともに、細石刃、細石刃核が共伴して検出され、土器の初現形態を考えるうえで重要な発見とされた。また「舟底型細石核」は黒曜石の円礫（えんれき）を輪切りにし、鱗状（うろこ）の加工を施してポイント状の祖形（ブランク）をつくり出して、細石刃剥離を行うもので、その特徴的な技法は「西海技法」と呼ばれている。その他、縄文時代早期を主体として古墳時代に続く岩下洞穴（佐世保市）は、押型文土器のほか曽畑式系の土器も検出され、詳細な調査により炉や埋葬跡など洞内の生活様相が具体的に明らかとなり、洞窟内での調査方法を確立するうえで大きな役割を果たした。

I　歴史の文化編

中山遺跡 (なかやまいせき)

＊平戸市：平戸島の北隣、度島の中央部の丘陵鞍部、標高約40mに位置　**時代** 旧石器時代

1975～76年にかけて平戸市教育委員会により、遺跡範囲を確認する調査が行われ、旧石器時代の文化層を2層確認し、炉跡8基（上層7・下層1）とともに、ナイフ形石器、台形石器を主体とし、剥片尖頭器、彫器、掻器、ハンマーストーン、磨石などを含む大量の石器群を検出した。台形石器は島原半島の標高200～250mに位置する、旧石器の層位的変遷を日本で初めて確認した百花台遺跡（南高来郡国見町）の台形石器と形態的な類似が指摘され、石器組成が多様化していく段階を示すものと評価されている。洞窟ではなく、平地に位置する「開地遺跡」（丘陵・台地上につくられた遺跡）として貴重である。

深堀遺跡 (ふかほりいせき)

＊長崎市：長崎湾の南部、沿岸の浜堤上、標高約5mに位置　**時代** 縄文時代前期～弥生時代後期

1964～66年にかけての、長崎大学・別府大学による合同調査や市教育委員会による調査が断続的に行われており、遺跡はA～F地点に分かれる。旧後背湿地にあたるE地点からは、縄文時代前期の瀬戸内系の土器が多く見られ、遠隔地との交流の痕跡を示している。ほかの地点は、弥生時代以後の墓地や貝塚が認められ、B地点では弥生時代中期初頭～中葉の土坑墓や甕棺墓が多く検出されているが、人骨の身長は男性156.4cm、女性148cmと小さく、縄文時代の形質を引き継いだ集団に属していたことを示している。

礫石原遺跡 (くれいしばるいせき)

＊島原市：雲仙火山山麓地の標高約230～300mに位置　**時代** 縄文時代後期～晩期

1955年に三会中学校、島原高校による調査が行われ、その後、1958年に島原市教育委員会、1960～62年に日本考古学協会西北九州総合特別委員会などによって確認調査が実施された。1990年には県道改良工事に伴い、県教育委員会によって緊急調査が実施されている。縄文時代晩期の平地式住居跡や一辺約2mの方形石組遺構、直立した合口の甕棺墓2基と集石10基からなる墳墓群などが検出された。出土遺物にはモミ圧痕の認められる土器、農耕具に比定される扁平打製石斧、石鏃、石匙、磨製石斧、石皿、砥石、紡錘車、勾玉、管玉などが認められ、何らかの農耕の存在が推定されている。

原山支石墓群(はらやましせきぼぐん)

＊南島原市：雲仙岳南麓の高原性台地上、標高約250ｍに点在　**時代** 縄文時代晩期～弥生時代　　　　　　　　　　史

　1956年、60年に日本考古学協会西北九州調査特別委員会が調査を行い、その後は史跡整備を目的として北有馬町教育委員会によって調査が実施されている。雲仙南麓の丘陵上に3群に分かれて存在していたが、第1地点は戦後の開拓によって消滅した。残りの2群のうち、第2（楠峰）地点に6基、第3（原の尻川）地点に54基が現存している。下部構造の大半は箱式石棺で、甕棺、土坑墓も認められる。巨石を支石で支える大陸の要素をもつ墓制を導入しつつも、下部構造に縄文時代の墓制が継続する様相は、縄文から弥生への文化の移行形態を検討するうえで重要な遺跡といえる。

原ノ辻遺跡(はるのつじいせき)

＊壱岐市：壱岐島の幡鉾川の下流域、舌状台地の標高約10～20ｍに位置　**時代** 弥生時代前期～終末期　　　　　　　　　　史

　明治時代末に発見され、大正時代、松本友雄、山口麻太郎、鵜田忠正ら郷土史家により学界へ紹介がなされた。1948年には京都大学を中心とした東亜考古学会によって、51年には京大人文科学研究所によって発掘調査が行われた。その後は教育委員会による調査が進み、1993年以降、圃場整備事業の工事に伴い緊急調査が実施されて、台地を三重にめぐる環濠が検出され、大規模な環濠集落であることが判明した。加えて1996年には、大陸の土木技術の影響を受けたと推測される船着き場と考えられる遺構が検出され、東アジアでも最古級の遺構として注目された。

　これまでに出土した遺物は膨大な量にのぼり、弥生土器、土師器はもとより、楽浪土器、無文土器、三韓土器など大陸、朝鮮半島系の遺物も多く、青銅鏡や中国式銅剣、三翼鏃、五銖銭、貨泉なども認められている。その他、トンボ玉、銅鏃、楯、短甲、青銅器の鋳型、卜骨、ココヤシ製笛、人面石など、大陸や朝鮮半島系の遺物、金属器など多様である。コメ・ムギなどの植物遺体や動物骨も認められている。1997年、『魏志』「倭人伝」に記載された「一支国」に比定できる遺跡として国史跡に指定され、2000年には特別史跡の指定を受けた。　現在も史跡整備に伴い調査が継続されており、2010年に一支国博物館が開館するとともに、整備が進行中である。

　このほか、壱岐の弥生時代中期～後期の拠点的な集落遺跡として、カラカミ遺跡（壱岐市）、車出遺跡（壱岐市）があり、いずれも環濠をもち大陸との交渉をうかがわせる豊富な遺物が検出されている。

　なお、壱岐では銅矛(どうほこ)の出土事例が、この原ノ辻遺跡の2本と、1961年に壱岐最北端の海岸の「セジョウ神」と呼ばれていた石祠の下より出土した

Ⅰ　歴史の文化編

中広銅矛3本（天ヶ原遺跡〈壱岐市〉）と、熊野神宮に伝世する1本が知られるが、対馬では100本を超える銅矛の出土が認められており、興味深い。

里田原遺跡（さとたばる） ＊平戸市：一関川および里川に囲まれた低地、標高17〜19mに位置　時代 縄文時代晩期〜弥生時代中期

1972年にガソリンスタンド建設に伴って発見され、以後調査が継続されてきた。これまでの調査で、特に弥生時代の水門や護岸、畦畔と推測される遺構やその他水利施設が検出された。土器、石包丁や工具などの石器、鉄器のほか低湿地遺跡であることから、木製品の残りもよく、製作工程のわかる遺物も認められることから、工人集団の存在も指摘されている。また磨製石剣や方鉛鉱の把頭飾が検出され、注目されている。ほかにも、縄文時代晩期の支石墓も認められ、甕棺からは多紐細文鏡（たちゅうさいもんきょう）が検出されるなど朝鮮半島との関わりも示唆されている。

鬼の窟古墳（おにのいわや） ＊壱岐市：壱岐島のほぼ中央部、標高113mに位置　時代 古墳時代後期

1936年に京都大学が最初の調査を行い、戦後1953年には東亜考古学会の調査、1970年には九州大学によって石室の実測が行われた。1989年の石室側石と天井石の修復工事に際して、旧芦辺町教育委員会によって本格的な実測と墳丘測量が実施された。径45m、高さ13mの円墳で、石室は南に開口している。前室・中室・玄室の3室と羨道（せんどう）からなる全長16.5mの横穴式石室を有し、石室は県内でも有数の長大な規模をもつ。玄室内には、組合式の箱式石棺と推定される板石が置かれている。遺物は、石室内より、須恵器（すえき）、土師器（はじき）、陶質土器（とうしつどき）、新羅土器（しらぎどき）、鍍金鍔金具（ときんつばかなぐ）、鉄鏃（てつぞく）、馬具、鈴（ばく）などが出土した。6世紀末から7世紀初頭に築造されたものと考えられている。

なお、島内では多数の古墳が残存し、双六古墳（そうろく）（壱岐市）は県内最大の前方後円墳で、全長91m、後円部径43m、前方部幅36mを測る。6世紀後半と推定される2段築造で、石室は、羨道と前室・玄室からなる約11mの複室構造を呈する。1997年からの調査では、金製品、金銅製大刀柄頭（きんどうせいだちつかがしら）、馬具類、トンボ玉、中国製二彩陶器（北斉）、新羅土器などが検出され、大陸との交渉をうかがわせる多彩な遺物が出土した。

壱岐嶋分寺跡（いきとうぶんじあと） ＊壱岐市：壱岐島中央部、谷江川右岸の標高約100mに位置　時代 奈良時代〜平安時代

1987年より発掘調査が行われ、塔や金堂、講堂の基壇や、門跡、寺域を区画する溝などが確認された。壱岐にはもともと官寺は存在せず、壱岐（いきの）

直の氏寺を国分寺として転用したことが、『延喜式』に記載されているという。名称は「壱岐嶋分寺」とされ、僧五口が置かれたとされるが、氏寺から官寺にいつ頃に転用されたのか定かでない。平安時代には国分寺として機能していたことが史料より明らかであるが、確実な起立年代は不明である。いわゆる国分寺の伽藍配置とは異なっており、軒丸瓦には、平城宮の資料との類似点も指摘され、中央との関わりをうかがわせる。8世紀後半から11世紀初頭の遺構群と評価されている。

鷹島神崎遺跡（たかしまこうざき）
＊松浦市：鷹島南岸海底、海面下-25〜-5mに位置
時代　鎌倉時代後期　　　　　　　　　　　　　　　史

　古くから多量の壺などが引き上げられていたが、1980年より文部省科学研究による調査が行われ、中世の船舶や関連する遺物を検出し注目を浴びた。いわゆる「元寇」と呼ばれる、1281（弘安4）年の「弘安の役」に際して、暴風雨によって壊滅したとされる元軍の関連遺跡と考えられている。一連の調査により、鷹島南岸（汀線から沖合200m、延長7.5km）が周知の埋蔵文化財包蔵地として登載されることとなり、当該地区内における開発行為は陸上と同じく文化財保護法による調査の対象となった。これまでに床浪地区と神崎地区が緊急調査の対象となり、調査が行われている。遺物では木製碇や碇石、船舶の部材、鉄製冑、管軍総把印、「てつはう」と推定される土製品、陶磁器類が検出されており、元寇の実態を証明する多彩な遺物に関心が集まっている。

原城跡（はらじょうあと）
＊南島原市：有明海に張り出した丘陵、標高約30mに位置
時代　鎌倉時代後期　　　　　　　　　　　　　　　史

　1992年以降に史跡整備事業として発掘が開始され、断続的に調査が行われている。調査の結果、十字架、メダイ、ロザリオなど、いわゆる「島原の乱」に関わると考えられるキリシタン関係資料を多く検出した。原城は、もともと日野江城の支城として有馬貴純によって築かれた。

　その後、天草四郎を旗印とした「島原・天草の乱」が1637（寛永14）年に起こり、その舞台となった。本丸、二の丸、三の丸、天草丸などの曲輪が形成され、周囲4kmの山城であった。なお、多数の刀傷を負った人骨が検出されており、その戦闘の激しさを物語っている。乱の終局後は、城は破壊されたといわれていたが、調査の結果、石垣のほとんどが破壊された後、埋没した状態で検出され、それが「破城」の作法による破却であることが指摘されている。1938年に国史跡に指定され、現在も整備が進められている。

Ⅰ　歴史の文化編

国宝 / 重要文化財

卜骨

地域の特性

九州地方の北西部に位置し、半島と島嶼からなる。半島には北松浦半島、肥前半島、西彼杵半島、長崎半島、島原半島があり、島嶼には対馬、壱岐、五島列島などおよそ600の島々がある。島嶼と半島に、いずれもリアス海岸が発達して山地が海岸に迫り、平野はわずかしかない。水田は少なく、半島および島の狭小な傾斜地に畑地が営まれている。複雑な海岸線は自然の良港に適し、周辺海域の大陸棚に豊かな漁場が広がって、漁業が盛んである。県北部は佐世保の造船業を核にして工業が発達し、ハウステンボスなどに観光客が集まっている。県南部の長崎には、海外貿易港として日本唯一の長い歴史があり、異国情緒のあふれる観光地としてもにぎわっている。離島では経済力が低く、高齢化や過疎化が深刻になっている。

古くから日本と大陸とを結ぶ接点に位置し、遣隋使・遣唐使は壱岐・対馬を通って行った。古代律令制の衰退とともに、松浦党の武士団が台頭した。平安時代末期から日宋貿易が盛んになると、倭寇という武装船団が大陸沿岸を襲撃した。室町時代後期には倭寇の活動が拡大し、八幡大菩薩の幟を船首にかかげた八幡船が東南アジアにまで達した。広域な密貿易の活発化によってポルトガル船が平戸に来たのである。江戸時代には五つの中小藩と、長崎の天領があった。明治維新の廃藩置県後に長崎県に統合され、1876年には佐賀県が編入された。1883年に佐賀県が分離されて、現在の長崎県となった。

国宝 / 重要文化財の特色

美術工芸品の国宝はなく、重要文化財は33件である。建造物の国宝は3件、重要文化財は33件である。日本の歴史の中で海外との直接交流が最も長く続いた県なので、朝鮮半島、中国大陸、ヨーロッパとの関連性を示す国宝／重要文化財が多い。建造物の重要文化財には、キリスト教の禁教

凡例　●：国宝、◎：重要文化財

が解除されてから築造された近代の教会建築が多数含まれている。

◎原の辻遺跡出土品

壱岐市の一支国博物館で収蔵・展示。弥生時代の考古資料。壱岐島は対馬と東松浦半島との中間に位置し、『魏志倭人伝』では朝鮮半島から北部九州へ向かう海路の途中で、一大(支)国として登場する。原の辻遺跡は島の南東側、深江田原にのびる丘陵上にあり、近くを流れる幡鉾川を東に1km下ると内海湾に出る。1974年から発掘調査が始まり、調査の結果、繁栄した弥生時代中期から後期の環濠集落に、多数の交易品が往来したことが判明した。遺跡は特別史跡に、主要遺物の1,670点が重要文化財となった。中国・朝鮮からの遺物として鏡、銅剣、車馬具、銭貨、竿秤に用いる分銅の権、金属製鋤先、鉄斧、鉄鏃、朝鮮系無文土器、楽浪系や三韓系の瓦質土器、朝鮮三国系の陶質土器などがある。対する南からの遺物は、畿内、山陰、北部九州、中部九州などでつくられた土器である。土留め用の矢板を打ち込んだ水田跡が発見され、木製の鋤や鍬、えぶり、石包丁、鉄鎌、臼、縦杵、横槌などの農具、釣針、魚を突くための銛、網に使う石錘や浮子などの漁労具も出土している。甕棺に使用された壺の一つに、銛の刺さったクジラと舟とを線刻した捕鯨の図が描かれていた。祭祀占いに用いられたシカやイノシシの肩甲骨の卜骨が出土し、また特異な遺物である人の顔を模した人面石も、祭器だったと考えられている。多種多様な出土品は、交易で栄えた大集落の豊かな暮らしを反映している。

◎対馬宗家関係資料

対馬市の対馬歴史民俗資料館で収蔵・展示。江戸時代から明治時代の歴史資料。宗氏は鎌倉時代から江戸時代まで対馬や北部九州を支配した豪族で、江戸時代には日朝通交貿易を独占した大名だった。宗氏の文書は、対馬藩庁、韓国の釜山にあった倭館、江戸藩邸の3か所で作成され、現在国内外7か所で総数約12万点以上が収蔵されている。莫大な数量の文書が残された理由は、雨森芳洲の唱えた誠信外交を実行するため、記録の作成と活用が重視されたためだった。対馬歴史民俗資料館の文書は対馬藩庁のもので約8万点と最も多く、そのうち16,667点が重要文化財である。対馬藩庁の文書とは、幕府や諸藩との関係記録、宗氏関係の記録、領内統治や各地への伝達事項、控記録などである。朝鮮関係に限らず、藩政に関する詳細な日常記録や、典籍、大名道具、衣装なども長期にわたって保管された。近代になって藩がなくなると、御文庫と呼ばれる収蔵庫に収納され、旧家臣団の人たちに

Ⅰ 歴史の文化編

よって実質的に管理された。1977年に空調設備の整った資料館が創設されて、御文庫から文書が移された。

◎シーボルト関係資料

長崎市のシーボルト記念館で収蔵・展示。江戸時代後期の歴史資料。ドイツ人医師のフィリップ・フランツ・フォン・シーボルト（1796〜1866年）は、長崎の出島にあったオランダ商館の医師（1823〜29年）として、またオランダ貿易会社顧問（1859〜62年）として2度来日した。滞在中に日本の歴史、地理、風俗、動植物などを幅広く調査するとともに、長崎郊外に開設した鳴滝塾で吉雄権之助らオランダ通詞をはじめ、美馬順三、高野長英、伊東玄朴、高良斎など多数の日本人蘭学者を育成した。任期を終えて帰国の際、1828年にシーボルト事件を起こし、翌年国外追放となった。オランダに帰った後、『日本』『日本植物誌』『日本動物誌』などを刊行して日本研究を大きく進展させた。膨大な収集資料は、現在ライデンやミュンヘンにある。シーボルト記念館にある関係資料は、娘の楠本いねなどに伝わった遺品31点である。シーボルトの処方箋や名刺、書状、ガラス製薬瓶を収納した薬籠、化粧道具小箱、護身用の短銃、眼球模型などがある。なかでも追放された翌年に、妻たきがシーボルトへ贈った嗅ぎ煙草入れの螺鈿合子には、蓋の表に妻たき、裏に娘いねの青貝細工の肖像が描かれ、中に頭髪やいね3歳図などが納められていたという。この華麗な合子は、数奇な運命をたどった家族の心象ともいえるだろう。

●崇福寺第一峰門

長崎市にある。江戸時代前期の寺院。江戸時代初期にキリスト教禁令が厳しくなる中、長崎に3寺の唐寺が建立された。長崎在住の中国福建省福州の商人たちが、故郷から僧超然を招いて1632年に開創したのが崇福寺である。1654年に隠元が来日して黄檗宗を伝え、弟子の即非の時に堂宇が整備されて黄檗宗伽藍となった。山麓の入口には赤色をした竜宮門形式の三門があり、石段を上っていくと第一峰門がある。1644年の建立とされるが、現存する門は浙江省寧波で工作してから船で運び、1696年に建てられたと考えられている。入母屋造の四脚門で、構造、組物、軒回りなどは日本の建築に見られない独特なものである。柱上の四手先の複雑な組物は極彩色で装飾され、正面から見上げると連続する菱形文様のように見える。そのほかにも細部に彫刻、彩色が施され、全体で美麗な装飾文様となっている。第一峰門を抜けると、大雄宝殿と護法堂が相対して建ち、大雄宝殿に隣接して軒廊

を兼ねた媽祖門がある。ほかでは見られない中国風の特色に満ちた伽藍である。

●大浦天主堂

長崎市にある。江戸時代末期の宗教施設。1858年の安政5か国条約の調印で長崎が開港され、外国人居留地が建設された。横浜で天主堂を1862年に建てたパリ外国宣教会のジラール神父が、フューレ神父、プティジャン神父を沖縄から長崎へ派遣して、苦労の末、大浦天主堂が1864年に居留地の隣接地に建てられた。この教会は1597年に処刑された26人の殉教者に献じられた。正面にゴシック風の大小3本の尖塔が立ち、3廊式で正面15m、側面30mと小規模だった。1865年に献堂式が行われた1か月後に、浦上の隠れキリシタンが教会を訪れ、神父に劇的な信仰告白をしてから、布教活動が始まった。しかし当時キリスト教はまだ禁教だったため、キリスト教徒たちは大弾圧を受け、明治新政府になっても流罪が続いた。欧米諸国からの圧力で政府は1873年に禁教を廃止した。布教が合法となり手狭となった教会が、建築に造詣の深いド・ロ神父の関与で拡張され、1879年に完成したのが現在の建物である。2倍の広さに増改築された大浦天主堂は5廊式で身廊部が高く、正面中央に細長い八角尖塔が立ち、簡素な外観である。内部は、板張りの床をボールト天井が覆い、広々とした空間となっている。外人宣教師の指導で日本人によって建てられた洋風建築の代表作品であり、宗教史の明暗も伝える意義深い建物である。

◎旧出津救助院

長崎市にある。明治時代前期の福祉施設。フランス人宣教師マルク・マリー・ド・ロ神父（1840～1914年）は、1868年に来日し1879年から外海に赴任した。当時外海地区は耕地も少なく、人々の生活は貧しかった。そこでド・ロ神父は多彩な才能を発揮して、産業、福祉、土木、建築、医療、開拓、教育文化など総合的慈善事業を推進した。旧出津救助院はフランス式に建てられ、日本建築のように貫ではなく、ナットやボルトを多用して柱や梁を固定している。主施設の授産所は1883年に建てられ、2階建寄棟造で桁行19.4m、梁間5.2m、四周は赤土を混ぜた漆喰を目地に用いた石積み壁で、「ド・ロ壁」と呼ばれている。洋風技術を基本に地域的条件が勘案された、独自の建築方法で建てられている。福祉施設としても珍しい。

Ⅰ　歴史の文化編

そのほかの主な国宝 / 重要文化財一覧

	時代	種別	名称	保管・所有
1	旧石器	考古資料	◎泉福寺洞窟出土品	佐世保市博物館島瀬美術センター
2	縄文	考古資料	◎佐賀貝塚出土品	対馬市峰町歴史民俗資料館
3	古墳	考古資料	◎笹塚古墳出土品	一支国博物館
4	飛鳥	彫刻	◎銅造如来立像	明星院
5	平安	彫刻	◎木造千手観音立像	観音寺
6	鎌倉	絵画	◎絹本著色不動明王三童子像	清水寺
7	鎌倉〜桃山	古文書	◎小田家文書	対馬歴史民俗資料館
8	室町	工芸品	◎梵鐘（旧清玄寺）	対馬市
9	桃山	絵画	◎紙本金地著色泰西王侯図	長崎県立美術博物館
10	江戸	典籍	◎珠冠のまぬある（吉利支丹版長崎刊）	カトリック長崎大司教区
11	江戸	歴史資料	◎安政二年日蘭条約書	長崎歴史文化博物館
12	朝鮮／高麗	絵画	◎絹本著色仏涅槃図	最教寺
13	朝鮮／高麗	工芸品	◎金鼓	多久頭魂神社
14	朝鮮／李朝	古文書	◎朝鮮国告身	―
15	オランダ／19世紀	歴史資料	◎竪削盤	三菱重工業株式会社長崎造船所史料館
16	江戸前期	石橋	◎眼鏡橋	長崎市
17	江戸中期	寺院	◎聖福寺	聖福寺
18	江戸中期	寺院	◎清水寺本堂	清水寺
19	江戸中期	民家	◎旧本田家住宅（長崎市中里町）	長崎市
20	江戸中期	居住地	◎旧唐人屋敷門	長崎市
21	江戸末期	住宅	◎旧グラバー住宅（長崎市南山手町）	長崎市
22	江戸末期	民家	◎主藤家住宅（対馬市厳原町）	―
23	明治	商業	◎旧香港上海銀行長崎支店	長崎市
24	大正	土木	◎旧佐世保無線電信所（針尾送信所）施設	国（文部科学省）
25	昭和	住居	◎旧鍋島家住宅	雲仙市

城郭

島原城天守

地域の特色

　長崎県は旧肥前国と壱岐・対馬の2か国からなる。県内には五島列島、平戸諸島など大小600余の島々が含まれる。古代大和朝廷による朝鮮半島への出兵と経営は、航路上の対馬・壱岐に古代山城をもたらした。天智6(667)年に築かれた金田城は黒瀬の山稜に比定される。対馬は宗氏が古代から明治に至るまで統治、その居城は慶知館、仁位館、佐賀館、中村館、近世では藤原館、金石城が用いられた。

　県内で最も特色ある武士団といえば松浦氏一族からなる松浦党である。松浦党は海賊衆を組織、中世から近世初頭まで歴史上に大きな役割を果たした。惣領支配の本拠地として鎌倉期に梶谷城があり、南北朝期に相神浦の大智庵城・飯盛山城があった。戦国期には松浦隆信が主家に代わり勝尾岳城、のちに日之岳城を構えた。松浦家庶子には志佐氏の直谷城、峰氏の里城、遠藤氏の佐世保城、波多氏の岸岳城・亀尾城などが著名である。

　西彼杵地方では平安以来、大村氏が強力で、好武城、今富城などにあったが、戦国に至り、龍造寺氏、有馬氏、深堀氏との侵攻戦を繰り返し、大村純忠の代に武部に三城を築き本拠とした。江戸時代に入ってからは、玖島城を築いてこれに移った。高来地方には有馬氏があり、龍造寺氏との抗争が繰り広げられた。有馬氏は日之江城、原城という九州を代表する海に面する城を築いており、龍造寺勢がこれを攻めて抗争が続いていた。

　西郷氏の諫早城、安富氏の深江城も戦国期の長崎の歴史を伝える史跡である。江戸時代に入り、高来地方に森岳城(島原城)が築かれた。この森岳城の領民たちへの課役と仕置が一因となって、原城周辺の農民らが集結、籠城して島原の乱となった。このほか近世では特筆する築城に五島の福江(石田)城、福岡藩の魚見岳台場、福田港を臨む大村藩の福田大番所、県下にはこのほか佐賀藩の鍋島一族の鍋島陣屋と深堀氏の深堀陣屋、神ノ島の沖に築かれた国指定史跡の四郎ヶ島台場がある。

Ⅰ　歴史の文化編

主な城

諫早城(いさはや)

別名 伊佐早城、高城城、亀城　**所在** 諫早市高城町　**遺構** 石塁、土塁、堀、井戸

元亀元(1570)年頃、西郷尚善が本明川南岸の城山(標高50m)に築城した。城山を高城城、川を挟んで対岸の正林城を二の丸とした。

天正15(1587)年の豊臣秀吉の島津攻めに、時の伊佐早城主西郷純隆は参陣せず、軍資金も献納しなかった。柳川城主龍造寺家晴は参陣して軍功をあげるも秀吉に献ずるべき軍資金を出さなかったとの理由で柳川城は没収され、三池鎮実に与えられた。家晴が伊佐早城を天正18(1590)年に2万2千5百石で与えられ、家晴は大名として存続を果たすが、2代直孝が鍋島の家臣となり、諫早と改めた。5代茂門の時諫早城を廃城とし、東麓に館を構え諫早陣屋と称した。陣屋跡の高校敷地内に佐賀藩主の接待などに使用されていた御書院が回遊式の庭園とともに残っている。

勝本城(かつもと)

別名 風本城、雨瀬乞城、武末城　**所在** 壱岐市勝本　**遺構** 石垣、土塁　**史跡** 国指定史跡

天正19(1591)年、豊臣秀吉は朝鮮半島出兵のため、本営肥前名護屋城と対馬・壱岐に兵営中継基地を築城するため、壱岐の勝本港の背後に対馬を見渡せる標高70mの丘に築城。松浦鎮信が築城を命ぜられた。松浦氏から有馬晴信、木村喜前(よしあき)、五島澄玄(すみはる)が助役を命ぜられ、普請は昼夜兼行でなされ、年内にはほぼ竣工。半島への兵站基地として500の兵が豊臣秀長の家臣本多正武のもと、物資とともに城に入り、慶長3(1598)年、秀吉の死去による朝鮮からの撤退までの7年間在城した。現在、本丸跡に石垣、礎石などが残り、城山公園として整備されている。

金石城(かねいし)

別名 厳原城、府中城、金石館　**所在** 対馬市厳原町　**遺構** 石垣、大手櫓門(復元)　**史跡** 国指定史跡

対馬島主宗氏の出自は諸説あるが、在庁官人が成長した士族と考えられている。南北朝以来、少弐や今川氏の守護代を務め、今川了俊のあとの対馬守護となった。大永6(1526)年には宗氏15代将盛は府中に移り、池の館を構えるが、享禄元(1528)年宗盛治の反乱に池の館は炎上、清水山南麓の金石に移り、金石館と称した。寛文5(1665)年22代義真は隣接する国分寺を移して城地を拡張し、同9(1669)年には大手口に櫓門を構え、金

石城と称した。義真は延宝6（1678）年、桟原城を築いて居城を移したが、金石城はその後も存続していた。文化10（1813）年には大手櫓門が焼失し、幕府より2千両の復旧費用を借用して再建。大正8（1919）年に老朽化で解体されたが、平成2（1990）年木造で復元された。

また金石城跡の厳原中学校内の園地が平成9（1997）年からの発掘調査により、元禄3（1690）年に作庭が行われた記録のある、江戸時代の金石城庭園遺構であることが確認され、整備が進み国の名勝に指定される。

金田城（かねだのき）
所在 対馬市美津島町　**遺構** 城門、石塁、水門、土塁
史跡 国指定史跡

対馬に残る、大和朝廷による国家として築かれた古代山城で、『日本書紀』天智天皇6（667）年の条に高安城、屋島城、金田城を築くとある。天智天皇2（663）年の白村江の敗戦による半島からの攻撃に備えて築かれた。

遺構は三方を海に囲まれた城山の標高276mに高さ2～6mで総延長約2.8kmの石塁がめぐる。石塁には雉城と呼ばれる出張がある。谷間には一ノ城戸、二ノ城戸、三ノ城戸と呼ぶ高さ5mの石積みの水門が残る。谷間には水門石塁の脇には城門の礎石が残る。

島原城（しまばら）
別名 森岳城、高来城　**所在** 島原市城内　**遺構** 石垣、堀、復興天守、櫓（復元）

元和2（1616）年、キリシタン政策に失敗して日向縣内に移された有馬氏の後をうけ、大和五条の城主松倉重政が日之江城に入った。一国一城令下の日之江城は狭く、重政は前領主有馬氏の臣、島原氏代々の居城であった島原浜の城付近を選び、築城準備を始めた。島原城は元和4（1618）年に着工、石材は日之江城、原城の遺材が運ばれた。7年3ヶ月を費やして寛永2（1625）年に完成した。同じころ重政は3代将軍家光からキリシタン政策の手ぬるさを叱責された。キリシタン弾圧を行うが、寛永7（1630）年重政は小浜温泉で急死。後を継いだ養子勝家（重次）のキリシタン弾圧は激しさを加えた。さらに財政の悪化と相次ぐ凶作で、その解決策として、諸々の税をかけていったことが、島原の乱の引き金となった。乱後、松倉氏は改易、以後は高力氏2代、松平（深溝）氏5代、戸田氏2代、松平（深溝）8代と譜代大名が続いて明治に至った。

城は内外の二重構造になっていた。内郭は塀を廻らし、本丸、二の丸、三の丸と連郭式の縄張で三層櫓3基、二層櫓7基、平櫓6基、櫓門8棟を構

I　歴史の文化編

え、本丸に五層の破風の無い層塔式天守があげられた。現在は昭和39（1964）年外観復元の天守があがる。本丸と二の丸の間の堀には廊下橋が架けられこの橋を切り落とせば、本丸が孤立する仕組みになっていた。

清水山城（しみずやま）　所在 対馬市厳原町　遺構 石垣　史跡 国指定史跡

厳原は、古代対馬国府のあった所で、府内または府中と呼ばれていた。町を見下ろす標高206mの清水山に城がある。清水山城は豊臣秀吉が朝鮮出兵に備えて毛利高政に命じて築かせたとされているが、宗氏が相良長毎、高橋直次、筑紫広門の助力で築いたという説も有力である。城は肥前名護屋城から壱岐勝本城と半島の釜山を結ぶ中継連絡拠点にあたる。

城は山頂付近から東南端の三の丸に延びる尾根上の三段の曲輪が城域で、各尾根の曲輪塁壁に石垣が築かれている。尾根筋に石垣が500mに亘って断続的に築かれ、清水八幡宮が鎮座する三の丸の麓まで続く。南麓には対馬島主宗氏の金石城があり、清水山と金石城が一体化している。

古絵図によると、最高所には「東西四間、東北三間」と記す基壇が描かれるが、この基壇は本丸中央に残っている。石塁は平石積みという石組で、角は算木積み状に石が組まれ、曲輪虎口前は石段である。

原城（はら）　別名 有馬城、日暮城　所在 南島原市南有馬町　遺構 石垣、堀　史跡 国指定史跡

明応5（1496）年、有馬貴純が日之江城の支城として築いたとされる。代々有馬氏の支城であったが、有馬晴信がキリシタン大名になると、領内には信者が拡大していた。その子直純が慶長19（1614）年日向縣（あがた）に転封となり、元和2（1616）年、松倉重政が日之江城に入ると、一国一城令に従い原城を廃城とした。重政は島原（森岳）城を築くため厳しい年貢米の徴収とキリシタン弾圧を強める。寛永14（1637）年、代官を殺害したのが発端となり、反発した島原半島の農民ら3万7千人が原城に楯籠り、天草四郎を中心として蜂起した。これが島原の乱である。

原城は有明海に臨む31.5mの岬に築かれている。廃城になり石垣は島原城に運ばれていたので、土塁や竹柵などを設けて防備にあたった。近年の発掘調査によると、原城は廃城にはなっていたものの、島原の乱当時は、石垣や城門、櫓等の防御施設の存在が指摘されている。同15（1638）年に再度、全国に破城の徹底が発令された契機となった。

日之江城 (ひのえ)

別名 日野江城、日ノ江城、火ノ江城　**所在** 南島原市北有馬町
遺構 石垣、空堀　**史跡** 国指定史跡

　日之江城は領主有馬氏代々の居城であり、南北朝時代に築かれたと伝える。建保3（1215）年、藤原経澄が肥前高来郡有間庄の地頭となると、有間氏と称し、のちに有馬と改めた。戦国時代に有馬晴純が現れて島原半島を根拠に肥前国一帯に一大勢力を広げ、さらにポルトガルとの交易で最盛期を築きあげたが、その子の義貞は、龍造寺隆信の圧迫を受けて衰退する。天正12（1584）年、有馬晴信は島津義久と結んで沖田畷の戦いで龍造寺隆信を討ちとることで、豊臣秀吉の九州平定では本領を安堵された。これより先、天正18（1590）年には晴信は洗礼を受け、日之江城下にセミナリヨを建設している。同10（1582）年に大友宗麟や叔父の大村純忠とともにキリシタン大名として、ローマ教皇に派遣した「天正遣欧少年使節」は、有馬セミナリヨの第一期生であった。江戸時代に入ると、晴信が岡本大八事件で切腹となるが、晴信の子直純は妻が徳川家康の養女であったことから、所領は安堵された。その後キリシタン政策が成功せず、直純自ら国替えを願い出、慶長19（1614）年7月に日向縣に1万3千石加増されて移り、島原の有馬氏時代は終わる。元和2（1616）年、松倉重政が日之江城に入るが、島原城を築き居城を移転、日之江城は廃城となった。日之江城は、有馬川の河口北側、南北に細長い丘陵の先端部の標高78m付近を本丸とし、東に二ノ丸と大手口、西に三ノ丸で構成されている。本丸の北方背後には堀を廻らせ数段の曲輪を配し、西側には浦口川、東側には大手川が流れている。本丸、二ノ丸と北の曲輪に石垣が確認できるが、原城の石垣と比べると、日之江城の方が明らかに古い時代の石垣である。金箔瓦も出土している。

平戸城 (ひらど)

別名 亀岡城、亀甲城、日ノ岳城　**所在** 平戸市岩の上　**遺構** 櫓、門（現存）、石垣、復興天守、同櫓、井戸

　平戸島は北松浦郡日ノ浦と600m余りを隔てる島である。この間の瀬戸を雷ノ瀬戸という。この潮流を自然の堀として、島の北端部に築かれているのが平戸城である。瀬戸内海の村上水軍と並び称される鎮西の水軍、松浦党は、大きく波多氏が頭領であった上松浦党、そして平戸島を本拠とした松浦氏が頭領であった下松浦党に二分される。

　下松浦の頭領、松浦氏26代鎮信は、秀吉の九州平定に従い、松浦郡の一角と壱岐を安堵され、2度の朝鮮出兵にも従った。朝鮮から帰国直後の

Ⅰ　歴史の文化編

慶長4（1599）年、標高44mの日ノ岳に築城したのが平戸城であるが、完成間近い同12（1607）年、自ら火を放って焼いてしまった。理由は諸説あるが、替りに城地の北側、白狐山の中腹に館を営み、中ノ館と称した。寛永年間（1624～44）頃に28代隆信は御館を築いて中ノ館から居所を移した。元禄15（1702）年、29代重信は幕府に築城を願い出、翌年許可されると、重信は山鹿素行とともに各地の絵図を集め、縄張を行ったという。重信は素行の弟子で、兵法の皆伝を受けた一人である。このため平戸城は、平城の播磨赤穂城に対して、日本で唯一の山鹿流の山城となった。

　普請は30代棟（たかし）の時代、元禄17（1704）年から宝永4（1707）年にはほぼ完成して棟は御館から移り、松浦氏6万石の居城として明治まで相伝された。現在城址は公園となり、狸櫓、北虎口門、土塀や石垣が残るほか模擬天守、見奏櫓、地蔵坂櫓、懐柔櫓の各櫓群が昭和35（1960）年頃に復興されている。

福江城（ふくえ）
別名 石田城　**所在** 五島市池田町　**遺構** 石垣、土塁、濠、門（現存）、庭園

　文治3（1187）年、源氏に敗れた平忠盛の子家盛は北松浦郡宇久島に落ち、宇久氏を称したのが五島氏の祖と伝説ではいう。8代覚は弘和3（1383）年、福江島岐宿に移り、城ヶ岳の岐宿城を詰の城とし、元中5（1388）年、9代勝は辰ノ口を築いて福江全島を平定した。20代純玄は秀吉の朝鮮出兵に参加、このとき五島氏を称した。22代盛利の慶長19（1614）年に家臣大浜氏の謀反により17代盛定が築いた江川城は全焼、石田の浜に陣屋が営まれた。文化3（1806）年28代盛運は異国船の来航に備えて幕府に嘆願書を出したが許されず、30代盛成の嘉永2（1849）年に至りようやく築城が許され同年8月に起工した。文久2（1862）年9月、支藩の富江藩より金100両、延べ5千人の人夫などの援助もあり、翌3（1863）年6月、14年の歳月を経て完成した。城は東西291m、周囲1346mで本丸、二の丸、三の丸が置かれ、築城当時は三方を海で囲まれた海城であった。海防目的で築城されたらしく、各部の要所には石火矢台場が設けられている。表門と裏門には櫓門が建てられていたが、今はその礎石だけが残り、石橋や各所に残る石垣は、当時の面影を残している。横町口には高麗門の蹴出門が現存。その内側には城主の隠居所「御隠殿」が京都金閣寺を模したといわれる心字ヶ池のある池泉回遊式庭園とともに現存している。

戦国大名

長崎県の戦国史

　鎌倉時代に松浦地方に誕生した嵯峨源氏の松浦党は、室町時代になると本来嵯峨源氏ではない在地武士層も吸収して巨大な武士団に発展、上松浦党、下松浦党、宇久党という3つの集団に分かれた。また彼らは次第に倭寇として高麗や元の湊を襲うようになる。松浦党は壱岐にも進出したが、対馬は引き続き宗氏が一族の仁位氏と争いながらも島主として支配した。

　戦国時代に入ると各地で合戦が繰り返され、そうしたなかから島原半島の有馬氏が台頭した。有馬賢純は将軍足利義晴から「晴純」という名を賜り、さらに二男純忠を大村純前の養子として送り込んで家督を継がせ、勢力を拡大した。大村氏を継げなかった純前の実子貴明は後藤氏の養子となって大村純忠を攻め大村氏は分裂したが、有馬晴純の支援を受けた大村純忠が勝利し、有馬晴純は高来・藤津・杵島の3郡を支配して全盛期を迎えた。しかし、晴純が死去すると急速に台頭してきた佐賀郡の龍造寺氏に圧迫され、天正4年（1576）には藤津郡で敗北して藤津・杵島両郡を失っている。

　一方、松浦党も内部抗争を繰り返し、そのなかから下松浦党嫡流の相神浦松浦氏、上松浦党峯氏の末裔で朝鮮・中国との貿易で富を蓄えた平戸松浦氏、宇久党の宇久氏が台頭した。永禄年間には平戸家の隆信が相神浦家を降して松浦党を統一、元亀2年（1571）には壱岐を支配していた波多氏を降して壱岐も勢力下に置いた。

　宇久氏は南北朝時代末期に本拠地である宇久島を離れて福江島に移り、中通島などの周辺領主を家臣団として組み込んで五島列島南部を領する戦国大名に発展した。対馬では戦国時代も宗氏が島主として支配した。

　天正15年（1587）島津氏を降した豊臣秀吉は新たに九州の諸大名を再配置した。この九州国分の際、県内の武士の多くは早くから従ったため、諫早の西郷氏を除いてほぼ所領を安堵されている。

Ⅰ　歴史の文化編

主な戦国大名・国衆

青方氏（あおかた）　長崎県五島列島の武士で、松浦党の一つ。名字の地は肥前国松浦郡宇野御厨中通島青方（南松浦郡新上五島町青方郷）で中通島の開発領主。建久7年（1196）藤原尋覚が源頼朝から小値賀島の地頭に補せられ、二男家高が青方に住んで青方氏の祖となった。子能高のとき鎌倉御家人となり、元寇の際に恩賞として肥前国神埼荘にも所領を賜っている。南北朝時代の重のときに松浦党に属した。のち宇久覚の三男続（さとる）が継いだことから宇久氏の一族となり奈留島に転じた。また続は五島盛定の女婿で、子玄重のとき五島家に仕え、江戸時代は福江藩家老となって青方を離れている。

有馬氏（ありま）　肥前国の戦国大名。藤原純友の子孫というが実際には不詳。肥前藤津荘の荘司平清澄・直澄の末裔とみられる。鎌倉時代に経澄が有馬荘（南島原市）の地頭となって有馬氏を称したのが祖で、戦国時代、晴純は高来・藤津・杵島の3郡を支配して全盛期を迎えた。義貞の頃から龍造寺氏が台頭して圧迫され、天正4年（1576）には藤津郡で敗北して藤津・杵島両郡を失い、龍造寺氏と和睦した。同11年晴信は龍造寺方の安富純治を攻めて島津氏に援軍を請い、翌年島津氏とともに島原で龍造寺氏を破っている。同15年の豊臣秀吉の九州入りで秀吉に従い、高来郡4万石を安堵された。

宇久氏（うく）　肥前国五島列島の戦国大名。清和源氏武田氏の末裔と称しているがはっきりせず、平氏の一族であるともいう。文治3年（1187）家盛が宇久島を領したのが祖といい、松浦党に属していた。永徳3年（1383）覚のときに福江島に移り、のち辰の口城に拠った。やがて福江島を支配すると、中通島などの周辺領主を家臣団として組み込み、五島列島南部を領する戦国大名に発展した。天正18年（1590）純玄は豊臣秀吉に従い、のち五島氏と改称した。

大村氏（おおむら）　肥前の戦国大名。藤原純友の孫の直澄が朝廷から肥前国藤津・彼杵・高来三郡を賜り、正暦5年（994）に彼杵郡大村（大村市）に土着したのが祖というが不詳。実際は平姓で同国藤津郡の金剛勝院の荘官の出とみ

られる。名字の地は藤津郡大村方（佐賀県鹿島市）か。戦国時代に肥前国大村館（大村市）に住むようになる。天文7年（1538）有馬晴純の二男純忠が6歳で大村純前の養子となり、実子貴明の代わりに家を継いだ。永禄6年（1563）キリスト教に入信、初のキリシタン大名となり南蛮貿易によって莫大な利益を得た。さらに、天正10年（1582）には少年使節を欧州に派遣した。同15年豊臣秀吉の九州出兵で喜前は本領を安堵されたものの、翌年には長崎を没収されて経済基盤を失った。関ヶ原合戦後も引き続き大村藩の藩主となった。

西郷氏（さいごう）

肥前国高来郡の戦国大名。藤原姓菊池氏の庶流とも、綾部氏の庶流ともいう。鎌倉時代から活動が知られ、やがて諫早に進出して宇木城（高城、諫早市有喜町）に本拠を移した。尚善は有馬氏に属し、その跡は有馬晴純の弟純久が継いだ。信尚のとき豊臣秀吉の九州攻めに従わなかったため、天正15年（1587）龍造寺家晴によって滅ぼされた。子孫は平戸藩士となっている。

宗氏（そう）

対馬島主。系譜上では桓武平氏で平知盛の子知宗の子孫と称しているが、実際は対馬の在庁官人惟宗氏の出で「惟宗」を略して「宗」としたといわれる。鎌倉時代、宗重尚が少弐氏の命で対馬の在庁官人阿比留氏を討ち対馬守護代となったという。室町時代に守護に昇格して名実ともに対馬の支配権を確立、貞茂は一時筑前守護代もつとめるなど筑前にも勢力を広げた。のち大内氏に追われて対馬に戻ると、嘉吉3年（1443）貞盛は朝鮮と嘉吉条約を結んで日朝貿易を始め、以後日朝貿易を独占した。室町中期には少弐氏から独立、この頃から平姓を称するようになったといわれる。戦国時代、義智は豊臣秀吉の九州攻めの際に秀吉に降って本領を安堵され、朝鮮との外交折衝役をつとめた。江戸時代も対馬藩主となった。

長崎氏（ながさき）

肥前国長崎の国衆。伊豆長崎氏の一族というが不詳。鎌倉時代には御家人として長崎氏の名がみえ、南北朝時代以降は桜馬場城（長崎市）に拠る。戦国時代は大村氏に属し、永禄5年（1532）純景は大村純忠とともにキリスト教に入信、長崎におけるキリスト教の布教に尽くした。天正8年（1580）大村純忠によって長崎はイエズス会に寄進され、さらに同15年

の豊臣秀吉の九州仕置で長崎は公領となった。さらに、慶長10年（1605）、長崎郊外の所領も大村氏の所領とされたことから、純景は長崎を去り、江戸時代は大村藩士となった。

福田氏（ふくだ）

肥前国彼杵郡福田（長崎市）の国衆。桓武平氏。文治2年（1186）平兼貞が彼杵荘の地頭となって下向、その弟包信が福田氏を称した。福田城に拠って大村氏に従い、戦国時代兼次はキリスト教徒であった。その子忠兼の永禄8年（1565）には福田はポルトガルとの貿易港として開港されている。長方のときに大村藩家老となる。

松浦氏（まつら）

肥前の戦国大名。嵯峨源氏。延久元年（1069）に摂津国渡辺から肥前国宇野御厨検校・検非違使として今福（松浦市今福）に下向した渡辺綱の孫の久が祖というが、それ以前から土着していた可能性が高い。一族は宇野御厨を中心として周辺を開拓して松浦党を形成し、平安末期には松浦地方一帯に広い勢力圏を築いていた。松浦党は本来嵯峨源氏の末裔からなる同族集団であるが、やがて一族以外の氏族も婚姻関係などを結ぶことでその傘下に入った。大きく宇野御厨を中心とする下松浦党、松浦荘を中心とする上松浦党、五島列島に広がった宇久党の3つに分かれ抗争を繰り返した。その後、下松浦党嫡流の相神浦松浦氏と、上松浦党峯氏の末裔で朝鮮・中国との貿易で富を蓄えた平戸松浦氏が台頭した。平戸家は勝尾岳城（平戸市）に拠り、隆信がキリスト教に帰依してポルトガルとの貿易を推進。一方、相神浦家は飯盛城（佐世保市）に拠り少弐氏に属した。両家は激しく争い、永禄年間に平戸家の隆信が相神浦家を降して松浦党を統一、元亀2年（1571）には壱岐も支配した。鎮信のときに豊臣秀吉に仕え、関ヶ原合戦でも東軍に属して本領を安堵された。

安富氏（やすとみ）

肥前国高来郡の国衆。文永年間（1264〜75）引付奉行の安富泰嗣が高来郡深江村の地頭となり、子頼泰が入部したのが祖。戦国時代は深江城（南島原市深江町）に拠って有馬氏に属し、天正6年（1578）純治は龍造寺隆信に仕えた。同12年純治は有家で討死。子純泰は同国藤津郡に移って深江氏と改称、江戸時代は佐賀藩士となった。

名門／名家

◎中世の名族

有馬氏(ありま)

肥前国の戦国大名。『寛政重修諸家譜』などでは藤原北家秀郷流で藤原純友の子孫としているが実際には不詳。『長秋記』に見える肥前藤津荘の荘司平清澄・直澄の末裔とみられる。

鎌倉時代に経澄が肥前国高来郡有馬荘（南島原市）の地頭となって有馬氏を称したのが祖で、南北朝時代には南朝に属し、戦国時代、晴純は高来・藤津・杵島の3郡を支配して全盛期を迎えた。

義貞の頃から龍造寺氏が台頭して圧迫され、1576（天正4）年には藤津郡で敗北して藤津・杵島両郡を失い、龍造寺氏と和睦した。83（同11）年晴信は龍造寺方の安富純治を攻めて島津氏に援軍を請い、翌年島津氏と共に島原で龍造寺氏を破っている。87（同15）年の豊臣秀吉の九州入りで秀吉に従い、高来郡4万石を安堵された。

晴信は関ヶ原合戦では東軍に属して本領を安堵されたが、1612（慶長17）年の岡本大八事件で甲斐に配流された。子直純は家康の養女を妻としていた関係で相続を許され、子孫は越前丸岡藩主となった。

◎近世以降の名家

青方家(あおかた)

福江藩家老。藤原北家。1196（建久7）年藤原尋覚が源頼朝から小値賀島の地頭に補せられ、二男家高が肥前国松浦郡宇野御厨中通島青方（新上五島町青方郷）に住んで青方氏の祖となった。中通島の開発領主。子能高の時鎌倉御家人となり、元寇の際に恩賞として肥前国神埼荘にも所領を賜っている。南北朝時代の重の時に松浦党に属し、以後嵯峨源氏の慣例に従って一字名となっている。

I 歴史の文化編　33

堯正の跡は宇久覚の三男続が継いだことから宇久氏の一族となり奈留島に転じた。玄重の時五島家に仕え、江戸時代は代々福江藩家老をつとめたが、藩士の福江城下集約のために青方の地を離れている。峻精は藩主盛運の下で財政再建に尽力した。

浅田家（あさだ）

大村藩家老。代々大村氏の譜代の家臣である朝長氏の出。1593（文禄2）年戸田勝成から召し抱えたいという要請があったが、大村喜前が許さず、これを機に浅田氏と改称した。後大村藩家老となった。大村市片町には建物こそ明治末に建て替えられたものの、広大な屋敷跡が残っている。

足立家（あだち）

長崎浜町にあった会津藩御用達の豪商。足立仁十郎は、大坂の薬種商田辺屋の手代をつとめた後に長崎で独立、田辺屋と号して会津藩の和人参輸出を一手に請け負った。その取引額は年間数万両であったという。また、会津藩に多額の献金を行うなど会津藩への資金援助を続け、藩士にも取り立てられた。しかし戊辰戦争で敗れ、その屋敷は1868（明治元）年新政府によって没収されている。

大村家（おおむら）

大村藩主。戦国大名大村氏の末裔。関ヶ原合戦後も引き続き大村藩2万1400石の藩主となった。1619（元和5）年、2代藩主純頼が28歳で急死、嫡男松千代はわずか2歳でしかも出生届を出す前であったことから断絶の危機を迎えたが、家老大村純勝の尽力で乗り切り、松千代は純信として3代藩主の座に就いた。純信の養子純長は山鹿素行に学び、70（寛文10）年には藩校五教館の前身集義館を設立、地誌『郷村記』や藩士の系図集『新撰士系録』などを編纂するなど、好学の藩主として知られる。

幕末の藩主純熙（すみひろ）は蘭学を学び、1863（文久3）年には大名としては異例の長崎奉行に就任。翌年に辞任すると藩論を尊王攘夷に統一し、戊辰戦争でも活躍した。

84（明治17）年純雄の時に子爵、91（同24）年伯爵となる。純英は陸軍少将となり、純毅は大村市長をつとめている。

また、純熙の弟の武純は1909（同42）年に分家し男爵を授けられた。

小田家
　松浦郡小値賀島（小値賀町）の旧家。江戸時代初期に壱岐から来島し、1685（貞享2）年重憲が鯨組の小田組を興した。2代目重利の建立した万日堂は現存する五島列島最古の木造建築物で県有形文化財に指定されている。また、捕鯨だけではなく、新田開発、酒造、海産物の売買などにも手を広げ、五島を代表する豪商の一つでもあった。1987（昭和62）年に小値賀島を去り、その際に先祖伝来の家屋敷や美術工芸品、古文書などを小値賀町に寄付、屋敷は小値賀町歴史民俗資料館となっている。

隈家
　大村藩家老。家老福田家の一族。福田氏の所領だった肥前国彼杵郡手隈村（長崎市手熊町）に由来するか。江戸中期に家老をつとめた東馬（鎮豊）が著名。建築家隈研吾は末裔である。

小曽根家
　長崎で質屋を営んだ豪商。江戸時代初期に出島の築造に出資した平戸道喜の末裔。幕末には福井藩や佐賀藩の御用商人をつとめた。幕末の乾堂（栄）は書家としても知られ、その弟の英四郎は坂本龍馬の後援者として有名。龍馬が亀山社中を立ち上げた際の本部は小曽根邸にあった。

五島家
　福江藩主。五島列島の戦国大名宇久氏の末裔。清和源氏武田氏の末裔と称しているがはっきりせず、平氏の一族であるともいう。1187（文治3）年家盛が宇久島を領したのが祖といい、松浦党に属していた。1590（天正18）年純玄は豊臣秀吉に従い、朝鮮出兵では水軍を率いて参加、小西行長に属して五島氏と改称した。関ヶ原合戦では西軍に属して出兵したが、長門国赤間関で帰国し、江戸時代も引き続き福江藩主となった。1884（明治17）年盛主の時に子爵となる。盛光は貴族院議員をつとめた。

　分家に肥前富江（五島市富江町）に陣屋を置いた交代寄合の富江五島家がある。

宗家
　鎌倉時代から江戸末期まで一貫して対馬を支配した領主。桓武平氏で平知盛の子知宗の子孫と称しているが、実際は対馬の在庁官人惟宗氏の出で、「惟宗」を略して「宗」にしたといわれる。

　戦国時代、義智は豊臣秀吉の九州征伐の際に秀吉に降って本領を安堵さ

れ、関ヶ原合戦でも西軍に属したが、安堵されて朝鮮との国交回復につとめた。義智の子義成は家老柳川調興と不和となり、調興が国書改作を幕府に訴えたため危機に陥ったものの、幕府は対馬藩で外交を担当していた柳川調興を津軽に流すことで決着した。

　江戸時代の石高は実質3万石弱だったが10万石格の大名として遇された。1884（明治17）年重正の時に伯爵となる。なお、重正は歌人として著名で、甥の武志も英文学者の傍ら詩人でもあった。

高島家（たかしま）

長崎町年寄。1574（天正2）年初代高島四郎兵衛茂春が、父氏春と共に肥前国藤津郡から長崎に移ったのが祖という。2代茂定は1615（元和元）年長崎町年寄となり、以後代々世襲した。34（寛永11）年に着工した出島の工事には、当時の長崎の25人の有力町人が出資したが、その中にも高島四郎兵衛の名が見える。

　幕末の当主秋帆は砲術家として著名。その養子茂徳は維新後陸軍に入って中佐となったが、1876（明治9）年の神風連の乱で反乱士族に殺害された。

殿村家（とのむら）

長崎のカステラの老舗。1624（寛永元）年ポルトガル人からカステラの製法を学んで、福砂屋と号して創業。6代目市良次の時現在の船大工町に転じた。明治以降は蝙蝠の商標で知られる。現在の当主は16代目である。

中山家（なかやま）

島原城下（島原市）で三好屋と号した豪商。江戸時代末期の中山要右衛門は島原藩の御用達で、1837（天保8）年7町3反余りの干拓を願い出て、翌年完成させて塩田とし、三好氏塩新田といわれた。72（明治5）年に建てられた同家住宅は水屋敷といわれ、現在は喫茶店となっている。財界人として活躍した中山素平日本興業銀行頭取も一族。

針尾家（はりお）

大村藩家老。肥前国彼杵郡針尾島（佐世保市針尾）の国衆の末裔。武蔵七党児玉党の一族で、鎌倉時代は針尾島の地頭をつとめた。戦国時代に大村氏に仕え、針尾伊賀守は横瀬浦（西海市）の奉行をつとめていた。江戸時代は大村藩家老となった。

久松家
ひさまつ

長崎町年寄。大村の出という。1699（元禄12）年忠辰が町年寄に登用され、以後代々世襲した。江戸時代後期には、西浜町の本家と本興善町の分家の二家があった。幕末、高島秋帆の二男から養子となった土岐太郎は砲術家としても知られた。その子寛三郎は戊辰戦争の際に派遣された振遠隊に日本で初めてイギリス式軍術を取り入れたことでも知られる。

深沢家
ふかざわ

彼杵郡大村（大村市）の旧家。波佐見の郷士の出の義太夫勝清が紀伊国で捕鯨を学んで帰郷、大村藩の許しを得て捕鯨業を始めて成功、藩主から深沢の名字を賜ったのが祖。2代義太夫勝幸は平戸藩領の壱岐での捕鯨も手掛けた。また、長崎街道大村宿の本陣もつとめている。

福田家
ふくだ

大村藩家老。肥前国彼杵郡福田（長崎市）発祥で、桓武平氏。1186（文治2）年平兼貞が彼杵荘の地頭となって下向、その弟包信が福田氏を称した。福田城に拠って大村氏に従い、戦国時代兼次はキリスト教徒であった。その子忠兼の1565（永禄8）年には福田はポルトガルとの貿易港として開港されている。長方の時に大村藩家老となる。

福田家
ふくだ

長崎町年寄。元は肥後の浪人で、長崎に来て乙名をつとめた後、1693（元禄6）年に伝次兵衛が外町常行事となった。99（同12）年長崎町年寄に登用され、以後代々世襲した。後、本紺屋町の本家と酒屋町の分家に分かれている。

益冨家
ますとみ

生月島の壱部浦（平戸市生月町）で畳屋と号した捕鯨組の組主。1725（享保10）年から捕鯨を始め、生月島を拠点として壱岐や五島で捕鯨を行った。同家屋敷は国登録文化財である。

松平家
まつだいら

島原藩主。深溝家松平氏の子孫。五井松平氏の忠景の二男忠定が三河国額田郡の深溝城（愛知県額田郡幸田町深溝）城主大場主膳を討ち、深溝城に移り住んだのが祖。家忠の時に徳川家康に仕えて、1590（天正18）年の関東入国で武蔵忍1万石を知行。94（文禄3）年には下総小見川（千葉県香取市）1万石に転じたが、関ヶ原合戦に際して伏見城で戦死した。

戦後、長男の忠利は1601（慶長6）年に旧領の深溝で1万石を与えられ、深溝藩を立藩。12（同17）年三河吉田3万石、32（寛永9）年三河刈谷3万石、49（慶安2）年丹波福知山4万5900石を経て、69（寛文9）年肥前島原に2万石に入封。1750（寛延3）年忠祇が宇都宮に転封となったが、その子忠恕が74（安永3）年島原7万石に再入封した。1884（明治17）年忠和の時に子爵となる。

松浦家
　平戸藩主。嵯峨源氏で正しくは「まつうら」ではなく、「まつら」と読む。肥前の戦国大名松浦氏の末裔。肥前国松浦郡に広がった松浦党は、大きく宇野御厨を中心とする下松浦党、松浦荘を中心とする上松浦党、五島列島に広がった宇久党の3つに分かれ、室町時代には各氏族が党を離れて割拠するようになり、抗争を繰り返した。永禄年間に平戸松浦家の隆信が松浦党を統一、1571（元亀2）年には壱岐も支配した。鎮信の時に豊臣秀吉に仕え、87（天正15）年支配地域6万3000石が安堵された。関ヶ原合戦でも東軍に属して本領を安堵された。

　江戸時代は平戸に居城、壱岐や五島列島の小値賀島・中通島も領していた。表高6万3200石ながら、幕末には実質13万石あったという。『甲子夜話』を著した松浦清（静山）が有名。1884（明治17）年詮の時に伯爵となる。

松浦家
　平戸新田藩主。松浦鎮信の二男昌が1689（元禄2）年本藩より1万石を分知されて、平戸新田藩を立藩した。1870（明治3）年廃藩して本藩に統合。84（同17）年の華族令制定時は女戸主だったため綬爵されなかったが、90（同23）年に靖が子爵となった。

薬師寺家
　長崎町（長崎市）の年寄。戦国時代は豊後大友氏の家臣で筑前国東郷（宗像市）にいたが、大友氏の滅亡後種長は長崎に転じて町人となり、磨屋町の乙名となった。代々鉄砲術を伝えて、久左衛門は島原の乱にも従軍、鍛練流（自覚流）の開祖でもある。1697（元禄10）年、種政が長崎町年寄となり、以後代々世襲した。

博物館

長崎歴史文化博物館
〈長崎奉行所立山役所の原寸復元〉

地域の特色

　長崎県は大半が海に囲まれ、対馬、壱岐、五島列島、九十九島などの島しょの数は971と日本一多い。海岸線の長さ4,184キロメートルは北海道に次いで国内2位、リアス式の海岸線が入り組んでいるため83カ所の港湾が点在している。東は島原半島が有明海に突出し、南は長崎半島が天草灘に延び、西海上には五島列島が、西北海上には壱岐、対馬があり韓国と近接している。600年頃から大陸の進んだ文化を学ぶために日本から派遣された遣隋使や遣唐使は、壱岐・対馬や五島を経由し中国へと渡るなど、古代から日本と朝鮮半島や大陸との交流が盛んであった。1550（天文19）年にはポルトガル船が平戸に来航し、17世紀にはオランダ東インド会社、イギリス東インド会社が相継いで平戸に商館を開設した。江戸時代には日本で唯一西洋に開かれた窓であったため教養文化を身に着けた中国人や西洋人が渡来し、建築技術や画法、食文化、キリスト教なども伝えられた。異国の文化を受け入れながら多くの人と交流し栄え、各地にその歴史を物語る文化財が残されている。一方で、江戸幕府の鎖国方針により1641（寛永18）年にオランダ商館が出島に移った。長崎市は港湾都市で多くの戦艦を建造した造船の町であるが、軍の要衝地であったため、1945（昭和20）年に原爆が投下され焦土となった。前述のような港湾施設の発展から、現在も貿易や観光、文化の振興が著しい。

主な博物館

長崎歴史文化博物館　長崎市立山

　県と市が一体となって「海外交流史」をテーマに取り組む博物館として2012（平成24）年に設置された。「長崎奉公所立山役所」の建築的復元と、現代的な歴史、美術、科学なども扱う総合博物館である。旧県立美術博物

Ⅰ　歴史の文化編　　39

館の所蔵資料のうち、歴史資料および江戸時代以前の美術資料、県立長崎図書館郷土課の所蔵する古文書を中心とする郷土資料、旧長崎市立博物館が所蔵する資料など、国指定重要文化財を含む約4万8千点の資料を収集、展示している。長崎は、江戸時代、幕府の直轄地として幅広い事業をしており、長崎奉行立山役所の復元整備により、その役割を紹介している。長崎の歴史ドラマの映像コーナー、伝統工芸の体験工房、貸工房、資料閲覧室、長崎学相談コーナーなどのレファレンスルーム、生涯学習に役立つ施設が整備され、「長崎学」研究の拠点とされている。

長崎原爆資料館　長崎市平野町

1945(昭和20)年8月9日11時2分、長崎市に原爆が投下され45年末での推計死者数は7万3,884人、重軽傷者7万4,909人にも及び多くの命が失われた。この資料館は、49(昭和24)年に平和公園爆心地碑付近に平屋造りの建物で始まり、55(昭和30)年に建てられた長崎国際文化会館に原爆資料室が設置された。その後、原爆被爆50周年記念事業の一つとして、長崎国際文化会館を建て替えて、被爆の実相と長崎市民の平和への願いを広く発信するため96(平成8)年に現在の長崎原爆資料館として開館した。ここでは、11時2分に止まった柱時計など、被爆の惨状を示す多くの資料を大切に保存・展示するとともに、原爆が投下されるに至った経過や核兵器開発の歴史など、ストーリー性のある展示を行っており、館外に向けても原爆展の開催や資料の貸し出しなどを行っている。また、館を拠点として、平和推進のための平和学習の支援にも取り組んでいる。

長崎ペンギン水族館　長崎市宿町

前身の長崎水族館は、1959(昭和34)年に長崎国際文化センター建設事業の一環として設置され、大洋漁業の捕鯨船が持ち帰ったヒゲペンギンの提供を受け飼育を開始したが、98(平成10)年で営業を終えた。その後2001(平成13)年に、ペンギン飼育技術を受け継いでペンギンに特化した水族館として隣接地にて再開した。世界のペンギン18種のうち9種の飼育展示は世界最多で、キングペンギンの39年9カ月という世界最長飼育や日本初のキングペンギンも誕生した。北半球で唯一、自然の海で泳ぐペンギンの姿が観察できる「ふれあいペンギンビーチ」の他、「ペンギン・グッズ

ギャラリー」ではコレクターの永井憲三の蒐集資料が展示されている。

出島「出島和蘭商館跡」　長崎市出島町

　出島は、ポルトガル人によるキリスト教の布教を禁止するために長崎の岬の突端を埋め立てて造った人工島である。1636（寛永13）年に完成後、江戸幕府はポルトガル人をここに収容した。その後、鎖国令によってポルトガル船の来航が禁止され無人島となった。しかし、41（寛永18）年に平戸のオランダ商館が出島に移り住み「阿蘭陀屋敷」になり、1859（安政6）年に出島和蘭商館が廃止されるまでの218年の間、西洋に開かれた唯一の窓口として日本の近代化に大きな役割を果たした。その後、出島周辺の埋め立てが進み1904（明治37）年にはその姿を消した。2000（平成12）年より出島復元整備事業が進み、06（平成18）年には5棟が完成し往時の姿を取り戻しつつある。史跡西側では復元建造物10棟で当時の輸出入品を紹介し、東側の交流ゾーンでは出土遺物の展示もされている。

大浦天主堂　キリシタン博物館　長崎市南山手町

　大浦天主堂境内には、大浦天主堂、旧羅典神学校と旧長崎大司教館の建物があり、2018（平成30）年に「キリシタン博物館」として開設。カトリック長崎大司教区では、世界文化遺産で国宝の大浦天主堂の価値を伝え、わが国の「西洋の出会い」「禁教期・潜伏期の歴史」「信徒発見」に至る日本キリシタン史の資料収集、保存、展示、調査研究を行い、学びの場としてキリスト教に関する文化の創造に資する。「大浦天主堂と26聖人」「禁教250年」「信徒発見」「キリスト教の伝来と日本の歴史」「長崎におけるキリスト教の受容と発展」などのテーマで整備され、「元和の大殉教画」「マリア観音」「ド・ロ版画」などが展示されている。

長崎バイオパーク　西海市西彼町中山郷

　檻の中の動物を見る「標本展示」ではなく、動物たちが生活している森や丘、岩山、池など、本来の生態系に近い環境の中で自由に暮らす「生態展示」の方式で動物たちがのびのびと暮らす様子が紹介されている。このため、来園者が動物たちの暮らす環境に入って動物たちの生活を体感し、動物たちに触れ餌を与えるなど、相互のコミュニケーションを大切にして

いる。30万平方メートルの敷地は回遊式になっており、ラマ、カンガルー、フラミンゴ、カピバラ、カバ、リスザルなどが、またドーム型の植物園にはアマゾン川の熱帯魚も飼育展示されている。

雲仙岳災害記念館がまだすドーム　島原市平成町

　1990（平成2）年に始まった平成噴火から96（平成8）年の噴火終息宣言まで、この地で何が起きて何が残ったのか、自然の驚異と災害の教訓を風化させることなく後世に伝えるために設置された。焼け焦げた電柱や電話ボックスなど被災した実物の展示がある。ジオラママッピングやドローンなどの最新技術を使い、雲仙普賢岳の火砕流の速さの体験学習できる展示など、日本で唯一の「火山体験ミュージアム」となっている。直径14メートルの「がまだすドーム」では平成噴火の映像と音響により火砕流や土石流が模擬体験でき、サイエンスステージでは、科学や火山について学べる実験解説も行われている。また、火山や防災について学べる「こどもジオパーク」をリニューアルし、トランポリンやボルダリングなど屋内遊具を用いて地球の力や雲仙火山の魅力を体で感じる施設になった。

小値賀町歴史民俗資料館　北松浦郡小値賀町笛吹郷

　江戸初期に壱岐から小値賀に移り住み、捕鯨、新田開発や殖産振興、海産、廻船業、酒造業を営み、小値賀に大きな富をもたらした豪商小田家。その築約250年の屋敷を町が譲り受け、一部新館を併設して1989（平成元）年に開館した。館内には小田家の事業の歴史が紹介され、町内の遺跡から出土した旧石器時代から近代までの考古資料、中世の中国との貿易に関する陶磁器、近世の捕鯨道具、茶道具などの資料の他、野崎島のキリシタン資料などの展示を通して、小値賀諸島の歴史的・地理的な位置付けを視座し、東シナ海および日本本土の流通と往来の歴史的経緯と文化形成を物語っている。企画展や各種講座、シンポジウムなど、小値賀の歴史に関するさまざまな催しが行われている。

シーボルト記念館　長崎市鳴滝

　シーボルトは、出島のオランダ商館付医師として来日し、江戸時代の日本に西洋近代医学や博物学を伝え日本の近代化に大きく貢献した。また、

科学的な視点で日本の自然や文化などを調査しヨーロッパに日本を広く紹介した。記念館はその偉業を顕彰するためにシーボルト宅跡に設置されたもので、館内では、長崎渡来の経緯、シーボルト妻子像螺鈿合子、シーボルト書状、日本での研究と医学教育など、波乱に満ちたシーボルトの生涯、眼球模型など医学に懸ける情熱や多分野にわたる研究資料など、生涯を医学や研究に捧げた多くの証から「学びで得ることの素晴らしさ」が伝わる。

平戸市生月町博物館・島の館　平戸市生月町南免

生月町は平戸島の北西に位置する厚い信仰と勇壮な捕鯨の島である。この館では、1725（享保10）年に益冨組により始まった日本最大規模を誇った捕鯨の様子を、当時の道具・資料やジオラマ模型で紹介し、海や大地の暮らしや近海の魚の剥製標本などを展示している。また、江戸時代には長い禁教の迫害に耐えて受け継いだ潜伏キリシタンの信仰では、聖なる道具を土の中に埋め厳しい探索を逃れ、祖先祭祀のスタイルを上手く仏壇の中に組み込み、「オラショ」というお祈りを続けて唱えたことなどが紹介され、生月島の特徴ある歴史や文化、自然を紹介している。

遠藤周作文学館　長崎市東出津町

遠藤文学の原点と目される小説『沈黙』の舞台となった外海地区に立地している。この地は遠藤自身が「神様が僕のためにとっておいてくれた場所」と評しており、関わりが深い全国の候補地の中から現在地に建設された。遠藤周作の没後、手元に残された約3万点の遺品・生原稿・蔵書・取材ノートなどを遺族から寄贈・寄託を受け、2000（平成12）年に「外海町立遠藤周作文学館」として開館し、05（平成17）年に「長崎市遠藤周作文学館」と名称を変更した。展示室では誕生から晩年までの歩みを年表で紹介し、作品は「少年時代」「大学時代」「フランス留学」「作家の軌跡」「人生と文学の集大成」といった区分で紹介し、施設にはこの他、聴濤室やショップ「外海」、思索空間「アンシャンテ」も備えられている。遠藤文学に関わる収蔵資料の調査研究を行い、講師を招いて06（平成18）年から年に2～3回の文学講座を開催するほか、情報発信にも努めている。

Ⅰ　歴史の文化編　　43

名字

〈難読名字クイズ〉
①鯨臥／②五貫／③蛙石／④護広迫／⑤七種／⑥彭城／⑦真孫／⑧西極／⑨田毎／⑩音琴／⑪這越／⑫馬田／⑬泓／⑭股張／⑮路木

◆地域の特徴

　長崎県も名字ランキング1位が山口で2位が田中となっており隣の佐賀県と同じである。以下も共通する名字が多く、ベスト10のうち、9位の山本以外はすべて佐賀県でも20位以内に入っている。また、岩永、井手、古川などは佐賀・長崎両県に広がるなど、もともと同じ肥前国だったことから名字も共通したものが多い。

　そうしたなか、いかにも長崎県らしい名字には16位の林田がある。林田は島原半島に多く、半島の南端に近い旧加津佐町（南島原市）では町内で一番多い名字だった。ここを中心に広がっており、有明海を挟んだ熊本県の天草や宇城地区にも多い。

　12位の宮崎は全国にまんべんなく広がっている名字だが、12位という順位は全国一高い。「宮」とは神社のことで、「崎」は山の稜線の突き出しているところ。神社は小高いところに造られることが多いため、稜線の先端には神社が多かった。宮崎はこうした場所に因む名字である。

名字ランキング（上位40位）

1	山口	11	山田	21	小川	31	本田
2	田中	12	宮崎	22	松永	32	渡辺
3	中村	13	山崎	23	馬場	33	古賀
4	松尾	14	福田	24	川口	34	近藤
5	松本	15	池田	25	井上	35	本多
6	山下	16	林田	26	橋本	36	野口
7	吉田	17	岩永	27	坂本	37	中尾
8	森	18	佐藤	28	永田	38	太田
9	山本	19	中島	29	林	39	古川
10	前田	20	荒木	30	松田	40	井手

17位の岩永も佐賀県や熊本県にまで広がっているが、やはり長崎県が圧倒的に多い。県内にはまんべんなく広がっている。

この他、31位に本田、35位に本多と、「ほんだ」と読む名字がベスト40に2つ入っているのも長崎県ならでは。全国的にも本田の方が120位と多く、熊本県と福島県を中心に分布している。一方、本多の全国順位は291位で東海から関東にかけて多いが、人口比でみると長崎県が全国一。県内では両方とも島原半島に集中している。

41位以下では、41位平山、53位浜崎、65位田川、79位浦、80位田崎、88位浦川が特徴。このうち、41位の平山は対馬や五島列島に多く、人口では全国最多。長崎の他には栃木県北部にも集中している。

101位以下では、阿比留、出口、高比良、一ノ瀬、深堀、一瀬などが特徴。このうち、出口には2つの読み方があり、「でぐち」の方が多い。五島列島では「いでぐち」と読み、こちらも200位を少し下まわるあたりに入っている。高比良は全国の半数以上が長崎県にあり、長崎半島に集中している。長崎市の旧三和町では最多名字だった。

深堀は上総国夷隅郡深堀（千葉県いすみ市大原）がルーツで、桓武平氏三浦氏の一族。承久の乱の功によって肥前国彼杵郡の地頭となり、地名を深堀と改めて下向したのが祖。現在は長崎市に集中している。

この他、早田、大串、下釜、鴨川、里、田浦、佐々野、後田などが独特である。

早田は長崎県から佐賀県にかけて集中している名字で、この地域では9割近くが「そうだ」と読むが、その他の地域では「はやた」の方が多い。下釜は全国の6割以上が長崎県にあるという、長崎県を代表する名字の一つで、その大多数は長崎市と諫早市に集中している。とくに旧飯盛町（諫早市）には地名もあり下釜が最多名字だった。佐々野も全国の過半数が長崎県にあり、五島市に集中している。

長崎県は海岸線が長いことから、漁村のことを意味する「浦」や「浜」の付く名字が多い。ベスト100に浜崎、浜田、浦、浦川、浜口と5種類入っているほか、101位以下でも浦田、浜本、白浜、田浦などが上位に入っている。

● **地域による違い**

長崎市周辺は圧倒的に山口が多く、長崎市をはじめほとんどの市町村で

最多。次いで田中、中村が多い。旧三和町（長崎市）の高比良、旧香焼町（長崎市）の時津、旧飯盛町の下釜など、ところどころに独特の名字が集中していることもある。旧野母崎町（長崎市）の熊、旧飯盛町の囲なども独特。

佐世保市から東西彼杵地区にかけても山口が圧倒的に多いが、以下は松尾、田中、福田などが多い。西彼町の朝長が独特。

松浦地区でも佐世保市や西海市では山口が最多だが、松浦市では前田、平戸市では松本が最多。この他、松田、福田なども多く、旧市町村によって名字の分布はかなり違う。

島原半島では山口は少なくなり、田中、前田、中村、吉田、松本が広がっている。また、林田、宇土など熊本と共通する名字が多くなるのも特徴。南島原市の小嶺、飛長、雲仙市の茂などが独特の名字である。

島原半島の名字は、県内の他地域とはちょっと雰囲気が違っている。また、合併前の町村によって名字の分布がかなり異なっていた。これには歴史的な理由がある。

江戸時代初期、島原半島で起こった島原の乱によって、島原地区は人口が減り農村は荒廃した。そこで、島原藩や幕府は新たに荒れ地を耕作する農民の年貢を減免し、四国や九州などの大藩や天領から農民の移住を募ったのだ。たとえば、小豆島からは串山村（雲仙市南串山町）を中心に700世帯もの農民が移住したという。そのため、移住元の影響で、現在でも県内他地域とは違った分布になっているものだ。

五島列島では全体的に中村が多いことを除けば、島によって名字が違う。特徴的な名字には、福江島の佐々野、小値賀島の博多屋、中通島の大瀬良、鉄川、奈留島の夏井、宿輪などがある。

壱岐でも島内にあった旧4町で斉藤、篠崎、平田、山内がそれぞれ最多となっていたなど、名字の分布は地域によってかなり違うが、壱岐全体では山口が最多である。

一方、対馬では阿比留が圧倒的に多く、その他では小島、糸瀬が特徴。糸瀬は旧上対馬町では最多となっていた。独特の名字には扇、比田勝などがある。

● 対馬の名字

県内には離島が多いが、対馬では一番多い名字が阿比留である。本土で珍しい名字といわれる阿比留だが、対馬では阿比留こそ最も普通の名字で

ある。

　かつて、島内が六つの町に分かれていたころ、厳原・美津島・豊玉・峰の4町では阿比留が一番多く、上県町では第2位の名字だった。残る上対馬町でもベスト10に入っており、全島でみれば圧倒的な最多である。

　しかし、阿比留のルーツは対馬にも県内にもなく、上総国畔蒜荘（千葉県袖ヶ浦市付近）。平安時代初期に対馬に渡り、朝鮮半島から侵攻してきた刀伊の将・龍羽を討ってそのまま土着したと伝える。以後代々対馬の在庁官人（地方官僚）を務め、子孫が対馬内に広がったものだ。

　ところで、対馬は鎌倉時代から江戸末期まで一貫して宗家が支配していた。宗氏は日本と朝鮮半島の間で特異な立場にあった大名である。

　江戸時代に編纂された宗氏の家譜『宗家家譜』では、自らの出自を桓武平氏とし、平知盛の孫の重尚が寛元4（1246）年に対馬に入って阿比留氏を討ち、以後対馬の島主になったとしている。しかし、実際には対馬の在庁官人（現地の役人）である惟宗氏の出で、惟宗を省略して宗を名字にしたといわれている。

　もともと対馬では、平安時代のはじめに朝鮮半島から侵攻してきた刀伊の将・龍羽を討った阿比留氏が支配していた。

　鎌倉時代になると、対馬の守護となった少弐氏が重尚に命じて阿比留氏を討たせ、以後対馬の守護代となったという。そして、重尚の跡を継いだ実弟の助（資）国が宗氏の祖であるという。ただし、このあたりの事情は明確な資料が存在せず、重尚についてもよくわからない。

　宗一族が資料に登場するのは、元寇の際に助国が討ち死にしているという記録である。南北朝時代には北朝に属して九州本土に転戦し、澄茂は対馬守護となって名実ともに対馬の支配権を確立した。

● **水軍大名松浦氏**

　鎌倉時代から戦国時代にかけて、九州北部に松浦党という海の一族が割拠していた。肥前国松浦地方から、壱岐や五島列島に及ぶ広い範囲を勢力下においた一族で、瀬戸内海の村上氏とともに水軍（海賊）としても知られていた。

　松浦党は嵯峨天皇を祖とする嵯峨源氏の末裔で、摂津渡辺党の一族がこの地の地方官僚となって住み着いたのに始まる。渡辺党が水軍を率いたのと同様、松浦党も水軍を組織し、玄界灘に広がった。また、嵯峨源氏らし

く1文字の名前の人物が多いのもその特徴。

　源平合戦では平家方の水軍として参加したものの、水軍としての技術力を買われたのか、鎌倉幕府にも御家人として仕えた。

　松浦党は、本来嵯峨源氏の末裔による同族集団で、有田、波多(はた)、山代(やましろ)など、この地域の地名を名字として名乗った。しかし、松浦党の勢力が広がるにつれ、宇久氏など嵯峨源氏以外の武士たちも参加するようになった。松浦党の一族と婚姻関係を結び、生まれた子どもに漢字1文字の名前を付けることで同化していったのだ。江戸時代に松浦家によって編纂された『松浦家世伝』によると、松浦党の一族として実に78家もの氏族が挙げられている。

　こうして勢力範囲の広がった松浦党は、その勢力圏によって、下松浦党・上松浦党と、五島列島に広がる宇久党の3つに分かれ、戦うようになった。

　戦国時代には下松浦党嫡流の相浦松浦氏と、上松浦党の一族で朝鮮半島や中国との貿易によって富を集めた平戸松浦氏の2家が盟主の座をめぐって争い、永禄年間に平戸松浦氏の隆信が相浦松浦氏を降して全党を統一。元亀2(1571)年には壱岐も支配した。

　松浦鎮信は豊臣秀吉に従って所領6万3000石を安堵され、江戸時代もそのまま平戸藩の藩主となっている。なお、平戸松浦氏は「まつうら」ではなく「まつら」と読むのが正しい。

◆長崎県ならではの名字
◎小佐々(こさざ)

　肥前国松浦郡小佐々(佐世保市)がルーツ。佐々木氏の庶流で、小佐々城に拠った。江戸時代は大村藩士となった。現在も全国の6割が長崎県にあり、長崎市や佐世保市に多い。

◎朝永(ともなが)・朝長

　いずれも長崎県に集中している名字で、全国の半数以上が長崎県にある。朝永は佐世保市、朝長は大村市に多い。

◆長崎県にルーツのある名字
◎青方(あおかた)

　宇久党に属した青方氏は、中通島を本拠とする一族で藤原道長の末裔という。鎌倉時代初期から江戸時代初期までの400通にものぼる「青方家文書」を現在に伝えたことで、中世史研究上重要な一族として知られる。

◎宇久(うく)

　五島列島の水軍。平安末期に宇久島を領した宇久家盛が祖で、清和源氏武田氏の末裔と伝えるがはっきりしない。室町時代には福江島を本拠とし、嵯峨源氏ではないにもかかわらず、嵯峨源氏の同族集団である松浦党にも属していた。戦国時代末期に豊臣秀吉に従い、江戸時代は名字を五島と改めて五島の大名となっている。

◎大村(おおむら)

　地名由来の名字で各地にルーツがあるが、肥前国彼杵郡大村(大村市)をルーツとする大村氏が著名である。藤原純友の子直澄(そのぎ)が肥前国彼杵郡に下向して土着したのが祖というが、実際はよくわからない。文治2(1186)年に忠澄が源頼朝から藤津・彼杵2郡の地頭に任ぜられている。戦国時代の大村純忠はキリシタン大名として知られた。江戸時代も引き続き大村藩2万7,900石の藩主を務めた。

◆珍しい名字

◎五輪(いつわ)

　長崎市に集中しているほか、五島列島にもある。五島列島の久賀島に地名があるといいルーツか。なお、五島市では「ごわ」とも読む。

◎何(が)

　長崎の唐通事に何家がある。初代何高材は中国福建省の生まれで、江戸時代は代々唐通事を務める。子孫の何礼之は明治維新後、元老院議官、貴族院議員などを歴任した。この他にも、唐通事の家には中国にルーツを持つものが多い。

◎保家(ほけ)

　対馬の保家家は大和国の出。小野姓で周防の大内氏に仕えていたが、大内氏滅亡後対馬に移り、帆開・帆夏と称した。豊臣秀吉の朝鮮出兵に功を挙げて宗氏の家臣となり、本家は小野氏に戻したが、分家は保家を名乗った。

〈難読名字クイズ解答〉
①いさふし／②いぬき／③かわずいし／④ごまさこ／⑤さいぐさ／⑥さかき／⑦さなつぐ／⑧せいきょく／⑨たごと／⑩ねごと／⑪はえこし／⑫ばだ／⑬ふけ／⑭またはり／⑮みちき

Ⅰ　歴史の文化編

II

食の文化編

米／雑穀

地域の歴史的特徴

紀元前150年頃、平戸市の旧田平町で木製農工具が大量に製作されていたことが里田原遺跡の発掘などで判明している。

1571（元亀2）年にはポルトガル船が長崎に初めて入港した。1635年（寛永12）年には日本人の海外渡航と帰国が禁止され、外国船の入港地が長崎1港に限定された。1641（寛永18）年には平戸のオランダ商館を出島に移し、鎖国体制が完成した。

1869（明治2）年には版籍奉還により各藩主を藩知事とし、同時に長崎府は長崎県に改称された。長崎は、長く突き出した岬を意味する。1876（明治9）年には三潴県の一部を合併した。1883（明治16）年には佐賀県が分離して現在の長崎県の姿になった。

コメの概況

平地の少ない長崎県の耕地面積の比率は11.6％である。大消費地に遠いことも影響して、コメの農業産出額は、沖縄を除く九州7県では最も低い。品目別の農業産出額は、肉用牛、ばれいしょに次いで3位である。

水稲の作付面積、収穫量の全国順位はともに38位である。収穫量の多い市町村は、①諫早市、②佐世保市、③雲仙市、④壱岐市、⑤平戸市、⑥南島原市、⑦松浦市、⑧大村市、⑨五島市、⑩波佐見町の順である。県内におけるシェアは、諫早市18.8％、佐世保市11.8％、雲仙市11.6％、壱岐市9.3％などで、この4市で半分以上を生産している。

長崎県における水稲の作付比率は、うるち米98.1％、もち米1.5％、醸造用米0.4％である。作付面積の全国シェアをみると、うるち米は0.8％で全国順位が徳島県、高知県と並んで38位、もち米は0.3％で埼玉県と並んで39位、醸造用米は0.2％で神奈川県、大分県と並んで33位である。

> 知っておきたいコメの品種

うるち米

（必須銘柄）あさひの夢、コシヒカリ、にこまる、ヒノヒカリ
（選択銘柄）おてんとそだち、キヌヒカリ、つや姫、レイホウ

　うるち米の作付面積を品種別にみると、「ヒノヒカリ」が最も多く全体の63.4％を占め、「にこまる」（18.4％）、「コシヒカリ」（11.5％）がこれに続いている。これら3品種が全体の93.3％を占めている。

- **ヒノヒカリ**　収穫時期は10月上旬である。県内産「ヒノヒカリ」の食味ランキングはAである。
- **にこまる**　農研機構が「北陸174号」と「きぬむすめ」を交配して育成した。おいしくて笑顔が「にこにこ」こぼれる様子と、粒張りが「まるまる」とよいことにちなんで命名された。収穫時期は10月中旬である。県内産「にこまる」の食味ランキングは特Aだった年もあるが、2016（平成28）年産はA'だった。
- **コシヒカリ**　収穫時期は8月上旬～中旬である。県内産「コシヒカリ」の食味ランキングはA'である。
- **つや姫**　収穫時期は8月中旬である。県内産「つや姫」の食味ランキングはAである。

もち米

（必須銘柄）ヒヨクモチ
（選択銘柄）なし

　もち米の作付面積の品種別比率は「ヒヨクモチ」（20.4％）、「サイワイモチ」（9.3％）、「モチミノリ」（8.1％）などで、多様な品種に分散している。

- **サイワイモチ**　農水省（現在は農研機構）が「レイホウ」と「クレナイモチ」を交配して1982（昭和57）年に育成した。玄米はやや小粒で、色白。耐倒伏性は中～やや強い。

醸造用米

（必須銘柄）山田錦

（選択銘柄）なし

醸造用米の作付面積の品種別比率は「レイホウ」が63.6％、「山田錦」が36.4％である。

● **レイホウ** 農林省（現在は農研機構）が「ホウヨク」と「綾錦」を交配して1969（昭和44）年に育成した。収穫時期は10月上旬～中旬である。うるち米だが、酒造用掛米としてよく使われている。

知っておきたい雑穀

❶小麦

小麦の作付面積、収穫量の全国順位はともに24位である。主産地は、県内作付面積の55.5％を占める諫早市である。これに波佐見町、五島市、雲仙市などが続いている。

❷二条大麦

二条大麦の作付面積、収穫量の全国順位はともに9位である。諫早市（作付面積シェア45.3％）と五島市（38.6％）が二大産地で、この両市だけで県内作付面積の8割強を占めている。これに壱岐市（13.7％）が続き、雲仙市と波佐見町がともに0.9％で並んでいる。

❸はだか麦

はだか麦の作付面積の全国順位は7位、収穫量は10位である。五島市が県内の作付面積の78.3％を占め、諫早市（19.8％）が続いている。

❹アワ

アワの作付面積の全国シェアは34.1％、収穫量は14.3％で、ともに全国順位は岩手県に次いで2位である。統計によると、長崎県でアワを栽培しているのは南島原市だけである。

❺キビ

キビの作付面積の全国シェアは25.2％で、全国順位は岩手県に次いで2位である。収穫量の全国シェアは13.6％で、全国順位は岩手県、沖縄県に次いで3位である。統計によると、長崎県でキビを栽培しているのは南島原市だけである。

❻そば

そばの作付面積、収穫量の全国順位はともに29位である。産地は対馬市、諫早市、五島市などである。

❼**大豆**

　大豆の作付面積の全国順位は31位、収穫量は32位である。主産地は諫早市、壱岐市、波佐見町、五島市、川棚町などである。栽培品種は「フクユタカ」「黒大豆」などである。

❽**小豆**

　小豆の作付面積の全国順位は岐阜県と並んで29位である。収穫量の全国順位は愛知県、奈良県と並んで31位である。主産地は諫早市、佐世保市、東彼杵町などである。

コメ・雑穀関連施設

- **諫早干拓資料館**（諫早市）　諫早市は有明海（諫早湾）、大村湾、橘湾と三方を海に面している。干拓の歴史は古く、鎌倉時代の1330年（正中7)年頃から始まっている。諫早平野は長崎県内最大の穀倉地帯である。資料館では、干拓の資料に加え、昭和初期から干拓地の小野平野などで使用してきた農機具などを展示している。同館は柱を使わないフレーム架構式の構造である。諫早ゆうゆうランド干拓の里内にある。生徒、学生の見学や修学旅行なども受け入れている。

- **小野用水**（諫早市）　江戸時代後期に地域住民が築造した。三方が海に面する市の中央部を流れる一級河川本明川から取水する延長8.5kmの疏水である。受益面積は600haである。下流の諫早平野の水田地帯は、干拓によって規模を拡大し、県内最大の穀倉地帯を形成している。

- **野岳ため池**（大村市）　1663（寛文3）年に捕鯨頭領の深澤儀太夫が私財を投じて築造した。今日でも129haの田畑を潤している。儀太夫は、捕鯨で築いた財を社会事業に寄付し、干ばつの被害が出た領内各地にため池を築造した。地元では儀太夫の遺徳をしのぶ例祭が毎年行われている。

- **諏訪池**（雲仙市）　雲仙天草国立公園地区内にある農業用のため池である。1712（正徳2）年に築造された。現在も92haの農地を潤している。池の外周部には緑地公園が広がり、ボートが浮かぶなど親水施設としても利用されている。地元自治会は、7月上旬のキャンプ場開きの前に、雲仙国民休暇村と一緒に池周辺の清掃活動を行っている。

- **新井手用水**（東彼杵町）　千綿川から赤瀬渕で取水し、大村湾に流下す

る4.0kmのかんがい用の疏水で、江戸時代初期の1680（延宝8）年頃、完工した。受益面積は25haである。用水が不足したため、1889（明治22）年、海軍が館山の中腹に、周囲の土の崩壊を防止する工事を行わずに掘り進める素掘りのトンネルを設置した。

コメ・雑穀の特色ある料理

- **具雑煮**　1637（寛永14）年に島原で起きた島原の乱で、一揆の総大将だった天草四郎と農民やキリスト教徒たちが、もちを蓄え、山や海から多様な材料を集めて具たくさんの雑煮をつくり、栄養をとりながら戦ったのが具雑煮の始まりである。今も島原地方では正月に具雑煮を味わう。家庭によって具の材料や味付けは異なる。
- **大村ずし**　2段重ねの酢めしの間に具を挟み、具と錦糸卵をのせた華やかな押しずしで、郷土料理である。500年以上前の大村領主だった大村純伊が領地を奪回したとき領民たちが喜び、もろぶたにご飯を広げ、その上に魚の切り身や野菜などをのせてこれをつくった。領主や将兵たちは、それを脇差しで切って食べたという言い伝えがある。
- **蒸しずし**（長崎市）　伊予松山の藩士だった吉田宗吉が1866（慶応2）年、長崎市内に吉宗の屋号で、蒸しずしと茶わん蒸しの専門店を開業し、二つをセットにして夫婦蒸しとして売り出した。以後、この地を代表する庶民の味になっている。
- **トルコライス**（長崎市）　ピラフ、スパゲティ、トンカツがほぼ同量ずつ一つの皿にのった盛り合わせ料理で、「大人のお子様ランチ」風である。長崎市内のレストランや喫茶店ではよくあるメニューである。同市はトルコライスの発祥の地でもある。
- **「五島三菜」おむすび**（五島市）　「五島三菜」は、東シナ海に浮かぶ五島列島で、ゆであげたダイコンとニンジンを厳寒期の12月～2月に強い季節風を利用して自然乾燥させ、ヒジキを混ぜた五島に伝わる健康食品である。これを戻して、好みの味をつけた具を入れたおにぎりである。

コメと伝統文化の例

- **畳破り**（諫早市）　楠公神社に祭られている武将、楠木正成が1333（元弘3）年、鎌倉幕府と戦った千早城の攻防を模した250年以上続くとさ

れる伝統行事である。上半身裸の男たちが畳を引きちぎり、わらで身体をこすり合う。外の鬼が人間界に入り込んで、稲わらをこすりつけることで、その年の稲霊を授ける。その霊力によって豊かな稲が実るというわけである。開催日は1月中旬の日曜日か祝日。

- **平戸のジャンガラ**（平戸市）　ジャンガラは、笛、鉦（かね）、太鼓の囃子による盆の豊年踊りである。江戸時代初期にはすでに奉納されていたが、起源は不明である。各神社仏閣に踊りを奉納し、雨乞いや五穀豊穣を祈願する。今日、伝承されているのは3組、9地区である。開催日は毎年8月14日～18日で地区ごとに異なる。
- **百手祭り**（ももて）（諫早市）　五穀豊穣などを祈願する神事として行われる伝統行事である。木でつくった弓、雌竹でつくった12本の矢を使用し、宮司が的の裏にある「鬼」の紙を射抜く。境内に集まった善男善女や子どもたちに天狗の面をかぶらせ、鈴を鳴らして厄除けなどのお払いも行う。開催日は毎年2月1日。
- **ヘトマト**（五島市）　五島市下崎山地区に古くから伝わる民俗行事である。着飾った新婚の女性2人が子孫繁栄を祈願して酒樽に乗って羽根つきを行う。続いて、身体にススを塗り付けた若者がわら玉を奪い合う「玉せせり」、青年団と消防団が豊作と大漁を占う綱引き、大草履を若者が担いで山城神社に奉納、と続く。起源や語源は不明である。開催日は毎年1月の第3日曜日。
- **鬼木浮立**（ふりゅう）（波佐見町）　日照りで稲田が割れるとき、笛、鉦、太鼓を打ち鳴らして乙女が踊って雨乞いをし、春に豊作を祈り、秋に満作に感謝し、氏神の祭礼に奉納したのが浮立である。鬼木郷の大鬼木地区で継承されてきた。大小6個の鉦が響き合う鉦浮立である。開催日は未定。

Ⅱ　食の文化編

こなもの

長崎ちゃんぽん

地域の特色

九州の北西部に位置する県で、東シナ海に面し、北松浦・島原・長崎・西彼杵半島と五島列島・平戸島・壱岐・対馬などの約6,000もの島々からなる。半島や島嶼地区は山地や急傾斜が多い。海岸はリアス式海岸を形成している。長崎県は陸も海も複雑な地形をなしている。対馬暖流の影響で温暖だが、降雨量は多い。

古代から海岸との交流の窓口となっていて、鎖国政策がとられた江戸時代も、長崎の出島でオランダ・中国との貿易が行われていた。朝鮮半島との交流は、対馬を介して行われていた。

長崎県の県庁所在地の長崎市は、長崎県南部の長崎半島のつけ根にある。元亀2（1571）年に、ポルトガル船が寄港して以来、貿易港として発展し、江戸時代には国内唯一の貿易港として発展した。昭和20（1945）年8月9日に原子爆弾の投下によって廃墟となり、広島市と同様に平和復興へ向かって宣言している。3・11の東日本大震災による東京電力福島原子力発電所の被害からの復旧・復興には、広島市・長崎市のように長い年月が必要となると考えざるをえない。

食の歴史と文化

地形が山形や急傾斜地なので、棚田や段々畑が多く、農地としては恵まれているとはいえない。野菜ではジャガイモ「さちのか」の特産である。果実では「茂木ビワ」が有名である。茂木ビワは、奈良時代に中国から伝えられたといわれている。

複雑な海岸線の地域が多く、西方に広がる大陸棚を有し、好漁場が多く、漁業が発達している。漁船による漁業も発達しているが、複雑な海岸線を利用した養殖も発達している。

加工品では島原の手延べ素麺、五島の手延べうどんが有名である。島原

素麺は、江戸時代前期の寛永14（1637）年の島原の乱の後に、島原半島の農民により作られた。五島うどんは五島列島で作られている。古い製麺所は92年も前から営業しているようである。五島列島に伝わる郷土料理に「かんころもち」がある。サツマイモを切って、半茹でにして、寒風で乾燥すると「かんころ」ができる。かんころともち米を蒸して潰し、ゴマ・ショウガ汁・砂糖で調味し、かたくり粉をまぶしながら蒲鉾のように仕上げたものである。長崎の名物の「皿うどん」は、油で揚げた細めの麺を皿に盛り、上から長崎チャンポン用に煮込み、かたくり粉でとろみをつけたものである。長崎チャンポンは、明治時代の中期に、福建省から渡来した陳平順（チェンピンシュン）が長崎で作った麺料理であったと伝えられている。明治12（1879）年には、パリーの外国宣教会が、フランスの小麦粉で作った手延べそうめんのようなものであったと伝えられている。

知っておきたい郷土料理

だんご・まんじゅう類

①どんだへもち

サツマイモの粉に、小麦粉を加えて作るもちで、お年寄りの集まり、農作業の間食用に作る。

乱切りして蒸したサツマイモと米粉を臼に移し、杵で搗き混ぜる。餅のようになったら、浅い木箱にあけて、だんごのように丸め、黄な粉をまぶしたり、中に餡を入れたりする。

②はちりだご

島原半島南部の須川地区では、小豆島出身の人が素麺づくりを始めたことも関係し、「はちりだご」は「はちり」（サツマイモ）を輪切りにして、素麺の製造過程で短く切れてしまった素麺を巻きつけて蒸し上げて作る。素麺づくりに忙しい時には、昼食の代用として食べる。

③手のひらだんご

五島のサツマイモを使って作るかんころ粉を利用しただんご。サツマイモのかんころ粉に水を加えてだんごを作るのに適した軟らかさまで捏ね、手のひらや型に入れてだんごの形をつくり、熱湯に入れて茹でる。赤砂糖、黒砂糖、黄な粉をつけて食べる。

かんころは、11月頃から作り、だんごは4月8日のお釈迦様に供える。
④いもだんご
　五島の春先の間食に作られる。皮をむいて、適当な大きさに切ったサツマイモは、軟らかく煮る。煮たイモと茹でてさらしてふきんでしぼったイモを混ぜて、臼で搗き、よく混ざり合ったら、丸めて黄な粉をつけて食べる。
⑤にぎにぎだんご
　五島では彼岸明けとお盆の15日には、必ず作る米粉のだんご。そうめんと一緒に仏壇に供える。
　こね鉢に米粉を入れて、だんごの生地に作る。生地は片手にとり、「にぎにぎ」するように型を作り、沸騰している茹で上げる。彼岸、お盆、祭りなどのハレの日に作る。
⑥せんだんご
　サツマイモを発酵させて作ったデンプンのようなもの（「あったせん」といっている）をどんぶりに入れ、手で捏ねて、歯応えのよい生地を作る。これを碁石ほどの大きさに丸めて、茹で上げる。真っ黒な「せんだんご」ができる。砂糖をまぶして、間食として食べる。
⑦けいらん
　うるち米の粉で作る、竹筒のような形で、白い生地の真ん中に赤で絵付けした餡まきだんごのこと。白い生地が茹で卵の白身の色に似ていることから「けいらん」の名がある。
　法事、彼岸など先祖の供養のときに、仏壇に供えたり、茶うけとして客にすすめたりする。
　外側に水に浸けたもち米をまぶして蒸す。この時に、栗のいがのようになるので、これを「いがけいらん」という。
⑧けいらんまんじゅう
　米の粉で作ったまんじゅうで、彼岸や豊作祈願、盆などに神仏に供える。米の粉の生地は、蒸したあとで、茹で卵の白身のようにつやがでるので、「けいらんまんじゅう（鶏卵饅頭）」の名がある。
　これに似た鶏卵饅頭は山口県、島根県などにもある。
⑨かからだご
　単に「もち」ということがある。4月からお盆過ぎまでサルトリイバラ

の葉が大きくなる頃まで、田植えの後の間食、仏事や祝い事の供え物として作る粉もちである。

もち米の粉、小麦粉を混ぜて、捏ねた生地で小豆餡を包み、さらにサルトリイバラの葉で包んで蒸す。

⑩ **かんころだんご**

サツマイモの粉のかんころの粉に水を加えて捏ねた生地で、小豆餡を包み、小豆のつぶし餡を包み、サルトリイバラの葉を敷いて蒸したまんじゅう。

春から夏の雨の日に間食として家庭で作る。

⑪ **島のかんころもち**

長崎に伝わる「干しいも・もち米・砂糖」を混ぜて搗き合わせた餅である。サツマイモが、平戸で最初に持ち込まれたのが、1615年である。それ以来、サツマイモの利用法は考えられたらしい。11月になると、五島列島ではサツマイモを薄く輪切りにして乾燥し、これを茹でて干しいも(カンコロ)をつくる。正月になると、カンコロを蒸し白い米の餅に混ぜて搗いて、かんころもちを作る。第二次大戦後、砂糖が入手しやすくなると、かんころもちに砂糖が入るようになった。

麺類の特色

長崎のうどんの代表としては、「五島うどん」があげられる。五島にうどんの作り方を伝えたのは、7世紀から9世紀に中国へ渡った遣唐使という説、四国のうどん職人が五島に渡ってうどん作りをしたという説もある。

五島列島といっても大小127の島がある。その中でも中通島、若松島、奈留島、久賀島、福江島が五島といわれている。五島は、晩秋から春先にかけて北西の風が吹く。その風は、山を越え、冷たく乾いた風となって島の東側へ吹き降ろす。この五島特有の風が麺の乾燥に最適なのである。

五島うどんは表面に、五島に多い椿油を塗りながら延ばす。五島のうどんはもちもちしてしっかりしているのが特徴である。だしは焼きアゴ(トビウオ)を使う。

めんの郷土料理

①地獄炊き

　ぐらぐら煮立つ鍋からうどんを取り出して食べる。生醤油か、生醤油に生卵を入れた麺つゆで食べる。夏は冷たいざるそばで食べる。

②そば切り

　お盆や祭りのときは、手打ちそばを作る。茹でたそばの上には、ヤマイモの擂ったものをかけ、その上から熱いそばつゆをかける。

③そばぞうし

　「そばぞうすい」のこと。大鍋に煮干し、ダイコン、ニンジンなどの季節の野菜を入れ、醤油味で煮る。この中に打ったそばか捏ねたそばの指先ほどの長さのものを加えて煮る。

④島原そうめん

　島原の手延べそうめん。江戸時代前期の寛永14（1637）年の島原の乱の後に、島原半島の西有家地方に移住した農民により作られた。コシや風味のあるのが特徴。

⑤ちゃんぽん

　長崎ちゃんぽんともいう。独特の固形かんすいで独自の風味をだした麺（ちゃんぽん）を使う。長崎は、遣隋使、遣唐使の時代から中国との交流している頃にはすでにこのちゃんぽんがあったと伝えられている。

⑥じごくそうめん（地獄そうめん）

　島原地方の郷土料理。手延べそうめんを煮立てた鍋の中に入れ、鍋を囲みながら生醤油、卵、カツオ節からできたたれに、薬味にネギ、ショウガ、ユズコショウを使って食べる。煮えている様子が、地獄池のようにみえるので、この名がある。めんが煮崩れしないように太いそうめんを入れて煮る。

▶ビワ生産量日本一に貢献する「茂木ビワ」

くだもの

地勢と気候

　長崎県は日本列島の最西端に位置する。平坦地が少なく、傾斜地の中山間地域が多い。中山間地域に展開するかんきつやビワの樹園地は、急傾斜地が多く、斜度15度以上が45％を占めている。対馬、壱岐、五島列島などを含め島が多い。海面から反射する光はもう一つの太陽となって、急斜面で育つ果実に良い影響を与えている。

　東シナ海から暖流の対馬海流が流れ込んでくるため、気候は温暖で寒暖の差が小さい。海洋性気候のため、6月～7月の梅雨期は降雨が多い。台風が上陸しなくても、東シナ海を通過する際は暴風域に入りがちである。

知っておきたい果物

ビワ　ビワは長崎県では江戸時代から栽培されてきた。1838（天保9）年頃、長崎の女性が唐通事から種をもらい、自宅の庭に植えたのが始まりといわれている。ビワの栽培面積、収穫量の全国順位はともに1位である。

　産地は長崎市が最大である。西海市、南島原市も比較的出荷量が多い。栽培品種は「茂木」「長崎早生」、大玉の「長崎甘香（品種名福原早生）」「涼風」、新品種の「なつたより」などで、「長崎ビワ」はこれらの総称である。

　温暖な気候を生かした露地栽培が盛んだが、近年はハウス栽培も広がり、出荷時期は2月上旬～6月下旬頃と長くなっている。

ミカン　ミカンの栽培面積、収穫量の全国順位はともに5位である。栽培品種は、長崎生まれの「岩崎早生」「原口早生」「させぼ温州」の3品種を中心に、ハウスの「宮川早生」などである。主産地は諫早市、西海市、佐世保市、長与町、南島原市などである。出荷時期はハウスミカンが5月上旬～9月下旬、極早生ミカンが9月下旬～10月下旬、早生ミカンが11月上旬～2月上旬、普通ミカンが12月上旬～3月上旬頃で、全

体として10か月以上に及び、ほぼ年間を通して出荷している。

「させぼ温州」のうち、糖度14度以上、クエン酸1.0％以下で外観が良く、食味検査に合格した2L～2Sサイズのものを県下統一ブランド「出島の華」として出荷している。

イチゴ

イチゴの作付面積の全国順位は6位、収穫量は5位である。

イチゴは、1830（天保元）～43（天保14）年頃、オランダ人によって長崎に初めて持ち込まれた。当時は「オランダイチゴ」とよばれ、外国人の食用に栽培された。

現在の栽培品種の大半は「さちのか」である。「さちのか」は、1996（平成8）年に、「とよのか」と「アイベリー」の交配で生まれた。「さちのか」の作付面積は、長崎県が全国の74％を占め、1位である。

主産地は雲仙市、南島原市、長崎市、大村市、島原市、諫早市、西海市などである。栽培農家は、立ったまま手入れや収穫作業ができる高設栽培方式を取り入れている。

オリーブ

オリーブの栽培面積の全国順位は6位、収穫量は4位である。主産地は長与町、長崎市、佐世保市などである。

不知火

不知火の栽培面積、収穫量の全国順位はともに7位である。主産地は西海市、諫早市、長与町、佐世保市、雲仙市、南島原市などである。出荷時期は1月上旬～5月上旬頃である。

ポンカン

ポンカンの栽培面積、収穫量の全国順位はともに10位である。主産地は長崎市、南島原市、長与町などである。

スイカ

スイカの作付面積の全国順位は14位、収穫量は13位である。栽培品種は「うり坊」「ひとりじめ」など小玉が中心である。主産地は島原市、南島原市、西海市などである。出荷時期は4月下旬～8月上旬頃である。

桃

桃の栽培面積の全国順位は、大分県と並んで26位である。収穫量の全国順位は24位である。栽培品種は「日川白鳳」が主力である。主産地は南島原市、長崎市、雲仙市、大村市などである。出荷時期は5月上旬～6月下旬頃である。

イチジク

イチジクの栽培面積の全国順位は27位、収穫量は26位である。栽培品種は「桝井ドーフィン」が中心である。主産地は諫早市、長与町、雲仙市、長崎市などである。出荷時期は、ハウスもの

が5月中旬～9月中旬、露地ものが8月中旬～10月下旬頃である。

キウイ　キウイの栽培面積の全国順位は30位、収穫量は28位である。産地は雲仙市、佐世保市などである。

スモモ　スモモの栽培面積の全国順位は、愛知県、兵庫県と並んで29位である。収穫量の全国順位は28位である。出荷時期は5月中旬～6月中旬頃である。

ブドウ　ブドウの栽培面積の全国順位は、佐賀県と並んで29位である。収穫量の全国順位は32位である。栽培品種は「巨峰」が作付面積で7割強を占めている。主産地は時津町、西海市、島原市、長崎市、佐世保市、松浦市などである。

　出荷は県内向けが中心で、出荷時期はハウスものが5月下旬～8月上旬、露地ものが8月上旬～9月中旬頃である。都市近郊では、観光農園としてブドウ狩りも盛んである。

ウメ　ウメの栽培面積の全国順位は、兵庫県と並んで33位である。収穫量の全国順位は36位である。

日本ナシ　日本ナシの栽培面積、収穫量の全国順位はともに36位である。栽培品種は「幸水」「豊水」「新高」など赤ナシが多い。「二十世紀」も一部で栽培している。主産地は南島原市、長崎市、大村市などである。出荷時期は7月下旬～10月下旬頃である。

ベニマドカ　農林統計によると、主な生産地は長崎県だけである。栽培面積は1.6ha、収穫量は16.0トンである。主産地は長崎市、諫早市、南島原市などである。出荷時期は、ハウスものが12月中旬～2月中旬、露地ものが1月中旬～2月下旬頃である。

マーコット　マーコットはミカンとオレンジを交配した果実である。オレンジ特有の濃厚な風味が特徴である。マーコットの栽培面積の全国順位は佐賀県と並んで3位である。収穫量の全国順位は佐賀県に次いで2位である。主産地は南島原市、松浦市、長崎市などである。

ユウコウ　農林統計によると、主な生産地は長崎県だけである。栽培面積は0.8ha、収穫量は8.0トンである。主産地は長崎市などである。

セトカ　セトカの栽培面積の全国順位は、佐賀県と並んで3位である。収穫量の全国順位は4位である。主産地は西海市、南島原市、

諫早市、長崎市などである。出荷時期は、ハウスものが1月上旬～2月下旬、露地ものが2月下旬～4月上旬頃である。

メロン　メロンは南島原市、島原市、雲仙市、壱岐市、松浦市などで生産されている。栽培品種は、「アールスメロン」「アムスメロン」「プリンスメロン」などで、「アールスメロン」は松浦地域、「アムスメロン」は壱岐地域などでの生産が多い。

クリ　クリの栽培面積の全国順位は37位、収穫量は36位である。

カキ　カキの栽培面積の全国順位は39位、収穫量は東京都と並んで39位である。

ブルーベリー　ブルーベリーの栽培面積の全国順位は43位、収穫量は42位である。主産地は時津町、対馬市、佐世保市などである。

ザボン　主産地は長崎市、諫早市などである。1667（寛文7）年に唐船船長がザボンの種子をジャワ（現在のインドネシア）から持ち込み、唐通事により長崎市の西山神社に植えられた。長崎市はザボンの伝来地である。

地元が提案する食べ方と加工品の例

果物の食べ方

かんたんびわゼリー（長崎県）
　鍋に、水、砂糖を入れて沸騰させレモン汁を加える。角切りにしたビワを入れて加熱し、水で戻したゼラチンを混ぜる。鍋ごと水につけて粗熱をとり、器に入れて冷やし固める。

ストロベリーシェイク（JA全農ながさき）
　ミキサーにイチゴとバニラアイスクリームを入れ、混ぜる。次に生クリームを入れて混ぜ、グラスに注ぐ。仕上げにイチゴとミントをトッピング。

みかんパエリア（長与町食生活改善推進員協議会）
　タマネギ、鶏もも肉、ウインナー、米など材料をカレー粉を加え炒めた後、ミカンの絞り汁、ケチャップ、コンソメ、塩、コショウ、水などで味

を整え、炊く。
みかん寿司（長与町食生活改善推進員協議会）

　米は水とミカンの絞り汁を半々にして炊く。ちらしずしの具の材料は干しシイタケ、ゴボウ、ニンジン、卵焼き、キヌサヤなど。ミカンの皮も細かく切って具に。

みかんラスク（長与町食生活改善推進員協議会）

　バター、ミカンの絞り汁、グラニュー糖を混ぜて5mmの厚さにスライスしたバケットに塗る。150℃のオーブンで15分、130℃で12～13分焼き、網の上で冷ます。

果物加工品

- ミカンシャーベット
- みかん餅

消費者向け取り組み

- 果樹園　長崎市いこいの里あぐりの丘、農業公園型施設

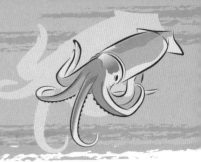

地域の特性

　長崎県は九州の最西部に位置し、日本海・東シナ海に面している。県域には半島部と島嶼部からなり、海岸線はリアス式海岸が多い。島嶼部には対馬・壱岐から五島列島までに約6,000もの島々が点在している。日本海・東シナ海での漁獲物が長崎県内の漁港に水揚げられるばかりでなく、島嶼部や半島部で漁獲した魚介類も近くの漁港に水揚げされる。長崎県の海岸線は複雑に入りこんでいて、大小さまざまな島があり、西方面に広がる大陸棚など、絶好の漁場に面している。長崎県は江戸時代中期の1725（享保10）年に本格的捕鯨を始めた。

魚食の歴史と文化

　長崎は、江戸時代中期、1725（享保10）年に、本格的捕鯨が始められた。その後、クジラの基地の町として知られたが、資源や動物保護の問題から、世界的に商業捕鯨の禁止がクローズアップされたため、日本捕鯨は調査捕鯨と日本近海の限られた種類のクジラを対象とした捕鯨のみになった。長崎の街には、昔からのクジラ肉の食用が残っているらしく、クジラ肉を販売している店をみかける。

　長崎の代表的食文化には、昔、オランダや中国の食文化の影響を受けて長崎特有の料理がある。例えば、中国の精進料理が伝来して、日本化した卓袱料理は、主として魚を用い、大鉢・中鉢などに盛り、一つの卓に供するという料理が発達し、現在でも長崎地方の料理となっている。

知っておきたい伝統食品・郷土料理

地域の魚　　好漁場に恵まれている長崎県は、水産県ともいわれる。マサバ・マアジ・イサキ・サワラ・マダイなどの水揚げは全国に誇る量である。カツオ・イワシ・スルメイカ・マグロ・ブリ・イセエビ

などの漁獲量は多い。とくに、アジの体側が黄金色に見える「ごんアジ」、「値賀咲(ちかさき)」といわれる長崎イサキはブランド魚として有名である。複雑に入り組んだ海岸線を利用し、ブリ、マダイ、トラフグ（長崎トラフグのブランド）、ヒラメの養殖も行われている。なお、瀬戸内海・東シナ海・周防灘のフグは、産卵のために有明海にくる。長崎では天然のフグを「ガンバ」といっている。

伝統食品・郷土料理

①ケンサキイカの料理
- 五島スルメ　一番するめともいう。五島列島海域で獲れるケンサキイカの素干しするめ。品質は最高のするめで、白くできあがるので「白するめ」ともいわれている。

②フグ料理
- 湯引き　三枚におろしたフグの身肉をさっと湯通しして食べる。三杯酢で賞味する。
- 刺身　「てっさ」といい、薄く切った刺身。
- がね炊き　フグの粗を梅干しや野菜などと一緒に煮た煮つけ。
- その他　から揚げ、握りずしなどで食べる。

③ウニ料理
- 生食　壱岐のウニが名物。生のウニにワサビ醤油をつけて賞味。
- うに飯　ウニを入れた炊き込みご飯である。

④エビ料理
- エビのおどり　春から夏にかけて獲れる茂木のクルマエビが人気。「ザッコ」といい、生食の「おどり食い」で賞味する。

⑤キビナゴ料理
- 刺身　旬は初夏。刺身で賞味する。
- きびなごおかべ　キビナゴを腹開きし、これでおから（卯の花）を包む。
- 煮つけ　ショウガを入れた煮つけ。

⑥ボラの料理
- からすみ　ボラの卵巣を塩でまぶし、1週間ほどしてから塩抜きし、重しをかけて水を切り、天日で10日間干す。長崎のカラスミは、野母のカラスミとして有名。カラスミが長崎へ伝わったのは1652（承応元）

年に、中国からサワラの卵巣で作るカラスミの製造が伝わる。その後、1675（延宝3）年にボラの卵巣で作られるようになった。現在のようなカラスミの製法は、内野喜兵衛が1864（元治元）年によってこれまでの製法が改良され、その後ほぼ同様な方法で現在も作られている。

⑦**アゴ料理**（平戸地域の料理）
- **長崎くんちとアゴ**　毎年10月に行われる諏訪神社の祭りの「長崎くんち」には、干したアゴ（トビウオ）でダシを取った料理が作られる。
- **アゴと蒲鉾**　生のアゴはつぶして蒲鉾やつみいれに入れる。
- **雑煮とアゴ**　長崎の雑煮の素材として焼きアゴは欠かせない。

⑧**カキ料理**

　壱岐のカキは「セッカ」といわれる2〜3cmのものである。10月頃からカキ漁が始まる。生食、カキの炊き込みご飯などで食べる。

⑨**イワシ料理**
- **一般的食べ方**　刺身・塩焼き・みりん干し・ぬた・天ぷらなど。11月になるとイワシ漁が始まる。
- **蒲鉾**　イワシで作る蒲鉾は美味しいと評価されている。
- **イワシおかべ**　味付けしたおからを、酢漬けしたイワシで巻く。

⑩**すし類**
- **大村ずし**　四角い木のすし型にすし飯を詰め、白身魚や野菜などの具をのせ、錦糸卵を散らし、軽く押しをする。食べるときは切り分け、梅干しや紅ショウガを添える。大村ずしの発祥は、室町時代後期の16代藩主・大村純伊に初めて作られたらしい。1474（文明6）年に、大村純伊は隣国の有馬・西郷に破れ唐津沖に逃れた。6年後に、旧領を奪回して大村に戻ると、領民たちは、大村ずしを作ってもてなしたといわれている。

⑪**卓袱料理**

　唐人の饗応料理を日本化したもの。豚の角煮、南蛮漬けなどの異国料理に、吸い物、刺身、口取りを合わせ、卓袱という円卓を囲む会席料理。江戸時代前期の1642（寛永19）年に卓袱料理が始められたといわれている。当時の長崎は、中国・ポルトガル・オランダなどの人々が往来していたので、国際色豊かな料理が誕生したのである。

⑫**クジラ料理**
- **尾羽毛の酢味噌和え**　尾羽とはクジラの尾の部分。塩漬けの尾羽が流通

している。塩漬けの尾羽には熱湯をかけ水にさらした後、酢味噌で食べる。あっさりした味と歯応えが夏の肴や副食向きとなる。彼杵(そのぎ)港周辺のクジラ料理である。

⑬その他

冬に漁獲されるカナガシラが惣菜に使われる。長崎茶碗蒸しには焼きアナゴが使われる。酢を使わない蒸しずしの具にも焼きアナゴを使う。「長崎鍋」は、タイ・クルマエビ・タチウオ・クワイ・ハクサイ・ネギ・シイタケなど、長崎特産の材料でつくる「ごった煮」。島原の海藻料理にニギスを煮て寒天のようにしたものがある。

ヒカド、皿うどん

▼長崎市の1世帯当たりの食肉購入量の変化（g）

年度	生鮮肉	牛肉	豚肉	鶏肉	その他の肉
2001	43,196	9,288	14,507	14,061	2,148
2006	38,944	6,087	14,641	12,768	2,139
2011	41,330	6,116	15,423	14,414	1,618

　長崎県は、九州の最西端に位置し、日本海・東シナ海に面している。さらに半島部と島々を擁する島嶼部などからなっている。そのために古くから朝鮮半島や中国、ヨーロッパなどの外国との交流の場所として地理的に有利な位置であった。鎖国政策がとられた江戸時代にも長崎の出島でオランダ・中国貿易が行われている。また朝鮮とも対馬を介して交流を行っていた。昔の長崎における外国との交流は、現在の長崎の郷土料理や建築、習慣などに残っているが、とくに、ちゃんぽん、卓袱料理、中国風の崇福寺、眼鏡橋、おくんち祭りなど中国風の文化の色合いの強いものが多い。西洋風の異国風情は、幕末以降に以降にやってきた西洋人の残したものが多い。

　長崎県の食文化は、中国やヨーロッパの食文化の影響を受けているので、郷土料理の長崎ちゃんぽん、卓袱料理、皿うどんをはじめ、少量であっても食肉を使用している料理は多い。

　2001年度、2006年度、2011年度の「家計調査」から、長崎市の1世帯当たりの生鮮肉の購入量は、福岡県や佐賀県に比べて少ないようである。とくに、2006年度の生鮮肉の購入量が、九州地方の全体の1世帯当たりの生鮮肉の購入量に比べると約9kgも少ない。2006年度以降は牛肉の購入量が減少している。2006年度の鶏肉の購入量は、2001年度と2011年度のそれらと比べると1.2kgまたは1.6kgも少なくなっている。

　各年度の生鮮肉に対するそれぞれの食肉の購入量の割合を考察すると、牛肉については2011年度が最も少ない。これは2010年の家畜の感染症の発症によるものと考えられる。各年度の豚肉と鶏肉の生鮮肉の購入量に対

凡例　生鮮肉、牛肉、豚肉、鶏肉の購入量の出所は総理府発行の「家計調査」による

して豚肉では33.0～37.3％、鶏肉については32.6～34.8％で、いずれも3割台である。2011年度の牛肉の購入量割合は小さいが、豚肉の購入量の割合は37.3％と最も多かった。牛肉が入手できないときには豚肉料理に代わることが想像できる。

知っておきたい牛肉と郷土料理

銘柄牛の種類

弥生時代の大浜貝塚、田結遺跡などから牛骨や牛歯が発掘されているところから、長崎県は日本の和牛の発祥の地であると推測されている。

❶長崎和牛

平戸、雲仙、壱岐、五島などの大自然の潮風を受けた、塩分やミネラルの豊富な牧草で育てられている黒毛和種である。第10回全国和牛能力共進会で最高賞の「内閣総理大臣賞」を受賞した。自然の情熱と深い歴史が育んだ良質の肉質の特徴は、牛肉本来の旨味があり軟らかい肉質の赤身と、とろける脂のバランスが絶妙。生産頭数は少ない。県内の「長崎牛取扱い認定店」で食べることができる。厚切りのステーキがお薦め。

❷壱岐牛

以前は神戸牛や松阪牛の元牛となっていたが、潮風を含む牧草を食べ、健康によいしあじを抑えて食べやすい高級牛を飼育しているが、現在は販売していない。

❸ながさき牛

長崎県の恵まれた環境と、大自然の潮風を受けた塩分やミネラルが豊富な牧草で飼育した高級な黒毛和種である。肉質の特徴は、鮮やかな色と滑らかで軟らかい肉質で、日本の黒毛和牛の特徴の風味をもつ。長崎県の離島地域を中心に、子牛を生産し、大村湾・島原半島周辺を中心に生産している。

❹五島牛

五島では弥生時代の遺跡から牛歯が出土していることから、昔からウシの飼育を行っていたところと推測されている。五島の周囲からの潮風を飼料としてきた五島のウシは、早熟早肥で肉質肉量を兼ね供えたウシとして知られている。肉質の特徴として、ヒレ肉は絶品といわれている。

Ⅱ　食の文化編

❺平戸和牛

もともとはオランダ商館の人々のために導入し、牧場で飼育した。これが平戸牛の始まりである。海に近い潮風が吹く高原で育った和牛。肉質は、きめが細かく、うま味は濃厚である。

❻雲仙牛

雲仙生まれの雲仙育ちの黒毛和種。豊富なミネラル雲仙の牧草と恵まれた環境で飼育されている。

牛肉料理

- **卓袱料理** 中国料理の日本化したものといわれているが、江戸時代の前期の寛永19（1642）年、長崎の卓袱料理専門店には、中国・オランダ・ポルトガルの人たちが、卓袱料理店へ訪ねてくる人が増えた。卓袱料理の内容には西洋料理を揃える店も多かったが、中国料理を揃える店も多かった。西洋料理のなかには、牛肉料理もあった。牛肉を刻んで油で炒めた料理が多かったが、肉の揚げ物も多かったようである。

- **平戸・佐世保のレモンステーキ** 日本人向けに、食べやすくアレンジした佐世保発祥の牛肉料理といわれ、市内の20の料理店が、それぞれ独自の切り方、味付け方、盛り付け方で提供している。

  数例をあげると次のような提案がある。1955年創業の「れすとらん門」は、レモンステーキ発祥の店といわれている。肉は黒毛和種。食べる直前に店の人がレモンをしぼってくれる。

  下町の洋食「時代屋」はサーロインステーキで、肉と一緒にスライスしたタマネギを食べる。

  レストラン「ボンサブール」は1cm厚さのステーキ。味ロマン夢塾は牛カルビーのステーキにニンニク香りの特製ドレッシングをかけて食べる。

- **海軍ビーフシチュー** 平戸が中心の料理だが、現在は、佐世保や長崎にもある。第二次世界大戦の頃、佐世保にいた海軍の総指揮官東郷平八郎が、イギリス留学中に出合ったビーフシチューをつくらせたのが、「海軍ビーフシチュー」の始まりと伝えられている。佐世保、平戸には、このシチューを提供する店が20以上ある。牛骨スープを使う店、ほほ肉を使う店、和食風の料理、パイで包んだものなど、それぞれの店が独自

に工夫し、提案している。
- **牛かん** 長崎の郷土料理で「ぎゅうかん」とよぶ。牛肉のひき肉、シイタケ、タマネギと混ぜて団子状にし、油で揚げてから、だし汁で煮込む。味付けは塩で、あっさりして食べる。牛肉がんも、牛肉蒲鉾などの呼び名もある。

知っておきたい豚肉と郷土料理

銘柄豚の種類

長崎県の養豚農家は南高郡有明町、西彼杵郡西海町に集まっている。

❶雲仙特選豚「極」

雲仙の大自然の中で飼育しているバークシャー種。素晴らしい自然の中で、ブタの健康状態を管理しながら飼育している。㈱にくせんが飼育・管理および環境清掃などを行っている。

❷雲仙もみじ豚

長崎県の雲仙の自然環境のなかで飼育している。生産した豚肉を使い、肉まん（ぶたまん）の中身を作り、豚の角煮も、長崎ちゃんぽんの具もつくり消費者との密着を考えている。

❸MD雲仙クリーンポーク

ハイブリッド豚デカルプ種。筋線維が細かく、肉質はジューシーでさわやか。総合防疫計画に基づきて、病気を最小限に抑えた健康維持管理体制で飼養されている。

❹五島SPF美豚

健康・安全・安心のイメージから「美豚」と名付けられた。鹿児島県には「さつま美豚」がある。SPF豚認定農場として清潔な環境と専用飼料を与え、元気にしている。

豚肉料理

- **角煮** 卓袱料理の一品。皮付きの豚バラ肉（あるいは三枚肉）を秘伝のたれで煮込む。あるいはとろ火で下味してから、ネギ、生姜、ニンニクなどの薬味と砂糖、醤油、酒で長時間煮込む。お箸で簡単に切れるほど軟らかく煮てあり、脂身が美味しい。300年ほど昔、長崎に住んでいた

唐人（中国人）と地元の人との懇親の宴が起源といわれている。日本料理（和）と中華料理（華）、オランダ料理（蘭）がミックスされた和華蘭料理。宋の頃（960〜1279）の詩人・蘇東坡が好んで食べたので東坡肉ともいう。場合によっては、最後に、木の芽や香辛料をそえる。

- **長崎ちゃんぽん**　長崎ちゃんぽんの具は、野菜や蒲鉾、豚肉などを混ぜて炒め、あんかけ用に片栗粉でとろみをつけてのせる。明治の中頃に、中国の福建省から来日した中国人が、長崎にいる貧しい留学生のためにボリュームのある食事の提供を考えた時の１品であったとの説がある。
- **浦上のそぼろ**　「そぼろ」は「細切りしたもの」の意味。カトリック教徒から伝わった料理で、信者の集まりの席には欠かせない郷土料理。浦上はキリシタンの町。豚の三枚肉を炒めて、そこに下茹でしたごぼうや筍、しいたけ、こんにゃくを入れ、砂糖と醤油、お酒で味を調え、最後に青く色良く茹でたフランス豆を散らす。
- **長崎豚まん**　かつて長崎市内の中国人の作っている中華饅頭を日本人が見て、日本人も同じように小さな中華饅頭を作り販売するようになった。年寄でも子供でも食べられる一口サイズの豚まんは、ポン酢、酢醬油をかけて食べるのが、長崎市民の食べ方である。
- **とんちゃん**　対馬市で昭和初期から愛される郷土料理。戦後、在日の韓国人が作り広めたといわれている。初期はホルモン（内臓）を使ったが、いつの間にか豚肉を使うのが主流となった。家庭でも作られるが、各家庭、各お店で味付けは異なる。

知っておきたい鶏肉と郷土料理

❶つしま地どり

長崎県の在来種「対馬地鶏」を用いて、肉用種と配合してできたのが「味と体重増加に優れ、かつ地鶏とブロイラーの中間価格」の地鶏として開発されたのが、「つしま地鶏」。肉中にイノシン酸量が多い、食味に優れている。

❷対馬地鶏

アゴひげをもつ「山賊顔」の珍しい地鶏。大陸系の血統を受け継ぐ対馬地鶏はひげがあるのが特徴。

❸長崎ばってん鶏

　長崎県養鶏農業協同組合が管理、白色コーニッシュと白色ロックの交配種で、独自の配合飼料で飼育、55日で出荷している。飼育方法は平飼いである。

❹ハーブ赤鶏

　レッドコーニッシュとロードアイランドレッドの交配種。低脂肪、高たんぱくの配合飼料で鶏肉特有の臭みのない銘柄鶏。

鶏肉料理

- **いり焼き鍋**　菊、長ネギ、ゴボウ、白菜、シイタケなど地元でとれる野菜類との鍋もの。これに鶏肉を加える。調味料理は薄口醤油と砂糖でシンプルに味付ける。
- **長崎のてんぷら**　てんぷらはポルトガルから伝来した料理である。長崎のてんぷらは、衣の水溶き小麦粉に塩などで味をつける。これに芝エビや鶏のささ身に絡めて油で揚げる。衣に味がついているので天つゆは必要がない。

知っておきたいその他の肉と郷土料理

- **佐世保バーガー**　第二次世界大戦後、佐世保に駐留したアメリカの軍人相手に誕生したバーガーである。きまった規則はなく、佐世保の店で提供するバーガーを佐世保バーガーとよんでいる。
- **皿うどんちゃんぽん**　皿うどんは、油で揚げた細めの麺を皿に盛り、上から長崎ちゃんぽん用に煮込み、片栗粉でとろみをつけたものをかけたもの。長崎ちゃんぽんは、豚肉・鶏肉・魚・小エビ・カキ・アサリ・ネギ・もやし・タマネギ・蒲鉾・竹輪など15種類以上の具をラードで炒め、スープを加えて煮込んだもの。もともとは貧しい学生の食べ物として長崎滞在の中国人料理人が考案した料理。ちゃんぽんといわれるようになったのは大正時代になってからである。
- **ヒカド**　長崎の郷土料理の煮物。「ヒカド」はマグロやブリの切り身、鶏肉や豚肉、ダイコンやニンジンをさいのめに切ったものなどを一緒に煮込み、それを醤油と塩で味付け、最後にサツマイモを擦って加えてとろみをつける。名前の由来は長崎に入った南蛮料理にあり、「ヒカド」

Ⅱ　食の文化編　　77

はポルトガル語の「細かく刻む」の意味である。

長崎県の野生鳥獣類対策
野生のイノシシもシカも増えすぎて、田畑や民家を荒らすので生息数の調整のために捕獲が行われている。捕獲したものは、衛生的に処理しジビエ料理として提供できるように運動をしている。一部は捕獲した猟師が味噌仕立ての鍋で食べることもある。

長崎県は鳥獣類による野菜の被害の対策と防御を担当する部署と希少動物を保護する部署を設立して、部署ごとに対策をとっている。マタギプロジェクトをつくり、増えたイノシシやシカの捕獲を考えているようである。

長崎市内ではジビエ料理を提供してくれる店は少ない。しかし、五島列島ではフランス料理の専門家がこの増えすぎたイノシシを捕獲して立派なジビエ料理を提供し、地域の活性に力を貸したいのだが、マタギがいないのが残念であると語っている。

また、対馬・壱岐でも、ジビエを和食として提供できないかと民宿の経営者と相談している。

地鶏

▼長崎市の1世帯当たり年間鶏肉・鶏卵購入量

種 類	生鮮肉 (g)	鶏肉 (g)	やきとり (円)	鶏卵 (g)
2000年	40,470	12,678	1,542	34,911
2005年	38,239	12,062	1,450	34,055
2010年	47,788	18,053	1,522	30,883

　長崎県は半島と島嶼部からなる。それらは、日本海・東シナ海に面している半島や島嶼が多い。山地や傾斜が多いので、地形を活かした農業が発達している。畜産関係では、肉用牛の長崎和牛が知られている。ブロイラー・豚肉・牛乳・鶏卵の産業が盛んである。

　地鶏・銘柄鶏には、つしま地どり（別名：ひげじどり、生産者：つしま地どり生産組合）、長崎香味鶏・ながさき自然鶏（生産者；鶴川畜産飼料）、ボンジュール長崎赤鶏、雲仙しまばら鶏、長崎ばってん鶏、幸味どり、ながさき自然鶏、長崎香味鶏、ハーブ育ちチキン、五島地鶏しまさざなみなどがある。五島地鶏しまさざなみが開発されたのは新しい。コク、香味がよく、玉子丼に使われている。

　2000年、2005年、2010年の長崎市の1世帯当たりの生鮮肉、鶏肉の購入量は、生鮮肉も鶏肉も2005年の購入量が2000年と2010年の購入量に比べて少ない。鶏卵の購入量は、2000年よりも2005年は少なく、2010年は2005年よりも少なくなっている。

　やきとりの購入額は1世帯の家族が3〜4人の場合1回程度しか利用できない金額である。

知っておきたい鶏肉、卵を使った料理

- **パスティ**　南蛮から伝わったパイ料理。鶏肉、人参、玉ねぎ、椎茸、百合根、ギンナンなどを鶏ガラスープで煮て、耐熱の大きな皿に入れ、半分に切ったゆで卵を綺麗に盛り付けて、パイ生地で包み焼き上げるパイ。
- **ちょく焼き**　鯵と卵をすり鉢ですり、砂糖、塩、お酒を加え、たこ焼き

Ⅱ　食の文化編

の鉄板に似た窪みのある専用のちょく焼きに流し込んで、ふわふわに焼いた料理。お祝いのときに焼かれる。形がお猪口に似ているので、"猪口焼き"が"ちょく焼き"になったといわれている。

- **鯵のかんぼこ**　鯵のかまぼこ。蒸した物が"かまぼこ"、揚げた物を"かんぼこ"とよぶ。鯵と卵をすり鉢ですり、砂糖、塩、お酒を加え、ささがきゴボウ、人参、あさつきを入れた生地で、ゆで卵を包み、油で揚げた料理。

- **長崎てんぷら、ゴーレン**　鶏のささ身の長崎風揚げ物。片栗粉と砂糖、塩、卵黄、しょうが、水をあわせて、粘りが出るほどよく混ぜ合わせ、この生地に薄く塩をふった鳥のささ身をくぐらせて油で揚げる。鶏のから揚げに似た、ポルトガル伝来の南蛮料理。普通のてんぷらとは異なり衣に味が付いているので、冷めても美味しく食べられる。天ぷらの語源は、ポルトガル語の"料理をする"意味の"Tempero"といわれている。

- **淡雪羹**　砂糖を加えて溶かした寒天を、十分に泡立てた卵白に加え、熱を加えながらよく混ぜて、型に流して固めた料理。卓袱料理（元禄の頃、長崎に移り住んだ中国の人々との親密な関係から産まれた中国料理を基本とした和食との折衷料理。卓袱とはテーブル"卓"とテーブルクロス"袱"のこと）に出される。

- **茶碗蒸し**　卓袱料理に出される料理。約140年前の1866（慶応2）年創業の老舗「吉宗(よっそう)」が、創業時の味を守っていることで有名。具は、鶏肉、海老、蒲鉾、穴子、麩、たけのこ、椎茸、銀杏、きくらげと、長崎の海と山の幸がたくさん入る。また、容器は、茶碗ではなくて大きな丼で作られる。

- **鶏めし**(とい)　県央の諫早に古くから伝わる郷土料理。集落の農家が集まり、農作業用の牛の削蹄などの手入れの際に、鶏をつぶして食べたのが始まりといわれている。鶏肉、人参、椎茸、ごぼうなどを醤油で煮てご飯に混ぜる。伝統的に男性が作る料理。この地方では"鶏"のことを"とい"という。

- **雲仙温泉たまご**　雲仙温泉の雲仙地獄の蒸気で蒸し上げた温泉たまご。ほのかな硫黄の香りが好ましい。温泉たまごを1個食べると5年長生きし、2個食べると10年、3個食べると死ぬまで長生きといわれている。昭和12年に雲仙を訪れたヘレンケラーが温泉卵の美味しさに感激した

といわれている。

卵を使った菓子

- **カステラ** 長崎を代表する銘菓。古くから外国との玄関として栄えた長崎には、海外からもたらされた文化が、発展しながら色濃く根付いている。カステラもその一つで、ポルトガルの宣教師が日本に伝えたといわれる。今は日本各地で作られているカステラだが、生地の下にザラメが敷いてあるのが、長崎の特長。卵、小麦粉、砂糖、水あめを混ぜて型に入れて焼いた焼き菓子。カステラの名前は、ポルトガル語の"パウン・ディ・カスティーリャ（カスティーリャ王国（現在のスペインに相当する）のパン）"に由来するといわれている。長崎の出島から、京や江戸に砂糖を運んだ長崎街道は、別名シュガーロードとよばれる。この街道沿いには砂糖を使った多くの銘菓が今も残されている。かつて砂糖は黄金に匹敵する貴重品であった。五味のトップも"甘味"。カステラ本家福砂屋は、卵を割るところから、泡立て、焼き上げまでを、一貫して手作りにこだわっている。卵白のみを使用して焼いたカステラの「白菊」や、卵黄のみの「黄菊」もある。1681（天和元）年創業の松翁軒、全国菓子大博覧会で「名誉総裁賞」を受賞した万月堂、岩永梅寿軒など老舗が多い。年間のカステラの購入金額もダントツの全国1位で全国平均の7倍。

- **カスドース** 平戸市の銘菓で、ポルトガルから伝わった南蛮菓子。平戸は、日本最古の西洋貿易港として栄え、オランダやイギリスなどの西洋文化が根付いている。焼いたカステラを食べやすい大きさにカットし、卵黄に浸し、蜂蜜でコーティングし、表面に砂糖をまぶし、表面はサクッと、中はしっとりやわらかく、卵の風味が楽しめるお菓子。

- **九十九島せんぺい** 佐世保の銘菓。小麦粉と卵、砂糖の生地にピーナッツを入れて焼いた小麦せんべい。パリッとした食感とピーナッツの香ばしいかおりが美味しい飽きのこないお菓子。形は縁起の良い亀の甲の六角形で、生地に散りばめられたピーナッツが名勝九十九島を現し、表面には"九十九島"の文字が砂糖液で書かれている。九十九島せんぺい本舗が作る。モンドセレクション最高金賞受賞。また、表面にオリジナルの文字を入れることもできる。

- **かす巻、とら巻、カステラ巻、加寿萬喜** 長崎銘菓。卵を使ったカステ

ラ風の生地で小豆餡を包んだお菓子。江戸時代、対馬藩主が参勤交代を終えての帰国を祝うために作られた。対馬の"かすまき"は皮が厚く円筒形なのに対して、壱岐の物の皮は薄く平たい。また、長崎や島原では表面にザラメがまぶしてある。

地鶏

- **対馬地鶏** 原産地：長崎県。昔から対馬で飼われていた長崎を代表する地鶏の"対馬髯地鶏"の雌に、"赤色コーニッシュ"の雄を交配して作出された。
- **つしま地どり** 体重：雄平均3,600g、雌平均2,800g。味と増体（経済）性に優れた鶏として長崎県農林技術開発センターで開発された。レッドコーニッシュの雄に地鶏の対馬地鶏の雌を交配。赤みを帯びた肉質は適度な歯ごたえがあり、まろやかな舌ざわりで味にコクがある。旨味成分のイノシン酸の含量が高い。飼養期間は平均95日間。大光食品が生産する。
- **五島地鶏しまさざなみ** 体重：雄平均3,200g、雌平均2,200g。肉質は身がしっかりしており適度な歯ごたえとコクがあり甘味も優れている。専用飼料に地元五島産の米や麦、ひじき、五島茶、椿油を配合することで、低カロリーで低脂肪、高たんぱくな鶏肉になった。平飼いで飼養期間は平均150日と長い。軍鶏の雄に横斑プリマスロックの雌を交配。優性遺伝する雌の"横斑"が"さざなみ"に見えるところから命名された。さざなみ農園が生産する。

銘柄鶏

- **雲仙しまばら鶏** 体重：平均3,000g。雲仙普賢岳のふもとの自然豊かな土地で飼育。殺菌効果、免疫効果、肉質改善効果のあるハーブを専用飼料に配合することで、すべての期間を無薬で飼育し、鶏肉特有の臭みがなく風味豊かなヘルシーで美味しい肉に仕上げた。鶏種はコブ、チャンキー。飼養期間は平均52日。大光ブロイラー生産者組合が生産する。
- **長崎ばってん鶏** 体重：平均3,000g。澄んだ空気と太陽に恵まれた大地のもと、開放鶏舎で長期間無薬飼料を使用。感味豊かな香ばしさとやわらかい肉の歯ざわりがバランスよく、食べ心地を満喫する。平飼いの開

放鶏舎で飼養期間は平均55日。白色コーニッシュの雄に白色ロックの雌を交配。長崎県養鶏場農業協同組合が生産する。

- **幸味どり**（さいわいあじ）　体重：平均2,850g。飼料はマイロを主原料として、天然成分の中鎖脂肪酸のラウリン酸を豊富に含むヤシ油と、体内の酸化防止のためにビタミンEを加えた。飼育のすべての期間を無薬飼料で飼育。肉食は淡いピンク色で、味は淡白で鶏肉特有の臭みがない。平飼いの開放鶏舎で飼養期間は平均52日。白色コーニッシュの雄に白色ロックの雌を交配。鶴川畜産飼料が生産する。

- **ながさき自然鶏**　体重：平均2,850g。飼料に乳酸菌や納豆菌、枯草菌などの有用微生物を配合することで鶏の腸内環境を整え健康維持力が強化されるので飼育のすべての期間を無薬飼料で飼育。鶏特有の臭いのない美味しい肉に仕上がっている。平飼いの開放鶏舎で飼養期間は平均52日間。白色コーニッシュの雄に白色ロックの雌を交配。鶴川畜産飼料が生産する。

- **長崎香味鶏**　体重：平均2,850g。飼料に乳酸菌や納豆菌、枯草菌などの有用微生物を配合することで鶏の腸内環境を整え健康維持力を強化した。鶏特有の臭いのない美味しい肉に仕上がっている。平飼いの開放鶏舎で飼養期間は平均52日間。白色コーニッシュの雄に白色ロックの雌を交配。鶴川畜産飼料が生産する。

- **ハーブ赤鶏**　体重：雄平均3,000g、雌平均2,800g。専用飼料にカボチャの種子、オオバコの種子、紅花、スイカズラの花などのハーブを加えて、鶏肉特有の臭みを無くした美味しく安全な鶏肉。平飼いで飼養期間は70日。赤色コーニッシュの雄にロードアイランドレッドの雌を交配。長崎福鳥が生産する。

- **ハーブ育ちチキン**　体重：雄平均3,000g、雌平均2,700g。専用飼料にカボチャの種子、オオバコの種子、紅花、スイカズラの花などのハーブを加えて、鶏肉特有の臭みをなくした美味しく安全な鶏肉。平飼いで飼養期間は52日。白色コーニッシュの雄に白色プリマスロックの雌を交配。長崎福鳥が生産する。

たまご

- **クイーン卵**　太陽がサンサンと当たる開放鶏舎で飼育された元気な鶏が

Ⅱ　食の文化編

産んだ卵。天然原料のキク科の花、マリーゴールドを飼料に加え鮮やかで深みのある卵黄色に仕上がっている。長崎県養鶏農業協同組合が生産する。
- **枇杷たまご**　太陽がサンサンと当たる開放鶏舎で飼育された元気な鶏が産んだ卵。専用飼料に、鎮静作用、殺菌作用があり、ビタミンB_{17}を多く含む県特産の枇杷の葉を配合。天然原料のキク科の花、マリーゴールドを飼料に加え鮮やかで深みのある卵黄色に仕上がっている。長崎県養鶏農業協同組合が生産する。

県鳥

オシドリ、鴛鴦（カモ科）　雄の冬羽は、緑色の冠毛と翼に栗色から橙色のイチョウの葉の形をした反り上がった剣羽、思羽があり、胸は紫、背はオリーブで美しい。名前の由来は、雌雄が寄り添って泳いだり休むので、雌雄の仲が良いことに由来し、"鴛鴦夫婦"や"鴛鴦の契り"の言葉もある。英名は、Mandarin Duck。雄の冬羽が、中国清朝時代の官史風の服装に由来。長崎県、山形県、鳥取県も県鳥に指定。

汁　物

汁物と地域の食文化

　長崎も外国の文化に古くから接触していた地域である。早くから中国、ポルトガル、オランダ、イスパニアなどの南蛮との接触していた。海に囲まれた大小の島々を擁し、温暖な気候風土で、海産物には不自由のないところである。

　長崎は異国の文化の影響を受けているが、宗教的にもキリスト教徒の多い地域で、今でも観光客にはキリスト関係に興味をもっている人が多い。長崎の食文化は、西洋的な文化と中国大陸の文化が入り混じっているようである。卓袱料理は中国の影響を受けているし、南蛮漬けの名はヨーロッパの料理を参考にした呼び名である。

　外国との交易の窓口だったため、郷土料理にも卓袱料理、長崎ちゃんぽん、皿うどん、カステラなど外国の影響を受けた郷土料理がある。かつては、クジラ捕鯨の基地だったからクジラを使った郷土料理も多い。

　「冷や汁」は九州の各地にある。長崎の冷や汁は室町時代頃から珍重されていた夏の食べ物であった。「長崎の冷や汁」は、ネギ、胡麻、その他にいろいろな具を、濃い目の焼き味噌の汁に入れたものである。

汁物の種類と特色

　長崎県の料理には、中国料理が日本化したものが多い。また、安土桃山時代の天正年間（1573～92）には、南蛮船により南蛮の食文化が続々と長崎に渡来し、ポルトガル・オランダ・中国の文化を混ぜ合わせたような卓袱料理が生み出された。島原半島の口之津半島を基点にキリシタン文化が広まり、長崎の食文化だけでなく、宗教、民族など多方面に影響を及ぼしている。江戸時代から長崎市周辺で栽培され、漬物・鍋物・雑煮の具にされている伝統野菜も多い。

　島原地方の土鍋で煮込む醤油仕立ての雑煮は、江戸時代前期の島原の乱

凡例　1世帯当たりの食塩・醤油・味噌購入量の出所は、総理府発行の2012年度「家計調査」とその20年前の1992年度の「家計調査」による

の頃からある。「具雑煮」という10種類以上の具の入った雑煮である。鶏ガラや豚骨からとったスープに、数多くの山海の珍味をのせた麺料理が「皿うどん」「ちゃんぽん」である。タイの頭、クルマエビ、シイタケ、ハクサイなどの山海の珍味や素材を使った寄せ鍋は「長崎鍋」といわれている。濃い目のダシ汁にカボチャ、小麦粉の団子、魚、野菜を入れた汁物は「萩原団子汁」といわれている。長崎県の「冷や汁」はネギ、ゴマ、その他の具を濃い目の焼き味噌の汁に入れたものである。壱岐にはシイタケの汁にダイコン、ニンジン、シイタケを加えた「ひきとおし」という鍋物がある。その他、魚介類、野菜類、豆腐などを入れた「魚の吸物」、シイタケのだし汁に鶏肉や野菜を入れて煮たものを茹であがった麺にかける「対州ろくべえ」(対馬)、溶き卵とうどんの茹で汁をかつお節のだし汁と醤油で味を調え茹であがった麺をつけて食べる「五島うどんの地獄炊き」(五島)、鶏肉、ダイコン、ニンジン、シイタケなどを入れた「のっぺい汁」がある。

　醤油仕立ての「きびなのいりやき」、古くから家庭で鶏を飼育している対馬には、鉄鍋で鶏の骨を煮出し、ダシが出たら鶏肉を入れ、醤油で味を調える「対馬地鶏のいりやき」がある。冬に獲れるほしかり(魚のカサゴのこと)は味が良いので、ぶつ切りのカサゴを入れた「ほしかりの味噌汁」で冬の食事を楽しむ。野菜や魚を細かく切ってシチューのように煮込んだポルトガルの料理を参考にした「ヒカド」、トビウオのすり身を団子にした麦味噌仕立ての「アゴのつみれ汁」などもある。

食塩・醤油・味噌の特徴

❶食塩の特徴

　長崎県は、半島や島嶼が多く、製塩に適した場所はない。五島列島の「潮のかおり」や「ごとう」がある。五島の塩は、五島うどんにも加えられている。

❷醤油の特徴

　醤油醸造元は多く、佐世保・島原・諫早・大村・平戸・雲仙・南島原・西彼杵など各地域にある。濃口醤油のほか、カタクチイワシを原料とした「平戸の魚醤油」、卵かけご飯用の醤油などユニークなものもある。

❸味噌の特徴

　醸造元は、諫早・大村・平戸・松浦・西海・雲仙・南島原の各地にある。

麦味噌を中心に醸造している。淡い褐色で甘口なのが特徴である。

1992年度・2012年度の食塩・醤油・味噌の購入量

▼長崎市の1世帯当たり食塩・醤油・味噌購入量（1992年度・2012年度）

年度	食塩（g）	醤油（mℓ）	味噌（g）
1992	2,872	12,352	11,227
2012	1,189	7,309	7,314

▼上記の1992年度購入量に対する2012年度購入量の割合（％）

食塩	醤油	味噌
41.4	59.2	65.1

　1992年度および2012年度の長崎市の1世帯当たり食塩購入量は、九州地方の各県庁所在地の購入量に比べると比較的少ない。1992年度の食塩購入量に対する2012年度の購入量の割合は、約41％である。かつては、家庭では保存食を作ることが多く、食塩の購入量の多い年代もあったが、生活様式の違い、家庭での食塩の購入量が減少してきた。

　醤油については、だし醤油や麺つゆなどの利用が増えたことが、購入量の減少に関連していると考えられる。家庭での味噌料理の代表である味噌汁を作らない家庭はまだ続いているといえる。

地域の主な食材と汁物

　長崎の地形は、長い海岸線と傾斜地が多い。また、半島や島嶼が多いので、その海岸線を利用している。古くからの中国やオランダの文化は、長崎県の食文化に影響していることは、よく知られている。

主な食材

❶伝統野菜・地野菜

　長崎はくさい、長崎高菜、雲仙こぶ高菜、長崎赤かぶ、長崎長ナス、出島ジャガイモ、大ショウガ、ワケギ、夏ネギ、その他（タマネギ、レタス、トマトなど）

❷主な水揚げ魚介類

　カツオ、イワシ、スルメイカ、マグロ、ブリ、サバ、アジ、イサキ、サワラ、マダイ（天然）。ブランド物に、ゴンアジ、長崎イサキがある。養

殖物には、ブリ、マダイ、長崎トラフグ、ヒラメがある。
❸食肉類
長崎和牛

主な汁物と材料（具材）

汁　物	野菜類	粉物、豆類	魚介類、その他
ヒカド	ダイコン、サツマイモ、ニンジン、干しシイタケ、ネギ		マグロ、鶏肉、淡口醤油
アゴつみれ汁	ネギ	小麦粉（すり身団子用）	トビウオ、調味（塩／味噌）
萩原団子汁	野菜（具）	カボチャと小麦粉の団子	濃い目のだし汁、魚介類（具）、調味（砂糖／塩／醤油）
きびなのいりやき	春菊、ダイコン、ネギ		キビナゴ、醤油仕立て
対馬地鶏のいりやき	ハクサイ、ネギ	麺類	鶏肉、鶏の骨、調味（醤油／砂糖）
ほしかりの味噌汁	ネギ		ホシカリ＝アサゴ、味噌仕立て
おのっぺ汁	ゴボウ、ニンジン、ダイコン、サトイモ		コンニャク、調味（醤油／砂糖／赤酒）
やまいもだご汁	山芋、ほうれん草、ネギ、ショウガ		鶏がら、醤油仕立て
だご汁	ダイコン、ニンジン、サトイモ	小麦粉→団子	煮干しまたは焼きアゴ、干しワカメ、醤油仕立て
冷や汁	ネギ	ゴマ	濃い目の焼き味噌

郷土料理としての主な汁物

- **長崎ちゃんぽん**　九州はご当地ラーメンが多いが、麺は食べてもスープを残す人は多い。しかし、長崎ちゃんぽんはスープの量も適量なので、スープまで完全に飲む人が多い。「ちゃんぽん」の名は、中国人料理人が貧しい留学生に提供することになった1899（明治32）年のことである。チャンポンの名の由来は①「チャンホンというご飯をたべましたか」、

②いろいろなものを混ぜる意味、その他いくつかある。いずれも遠からずの意味のようである。

- **冷や汁** 長崎の冷や汁は、室町時代頃から珍重されていた。汁物を冷やした夏向きの郷土料理である。ネギ、ゴマ、その他いろいろな具を入れて焼き味噌汁に仕上げる。
- **ヒカド** ポルトガル語で「細かく刻む」の意味。魚や野菜を細かく切って煮込んだ料理で、和風シチューともいわれている。材料のマグロや鶏肉、野菜類は細かく切り、だし汁で煮込む。調味は醤油や塩を使う。最後に擦りおろしたサツマイモを入れて、甘味ととろみをつける。
- **魚の吸物** 栄養のバランスを考慮した汁物。魚を季節の野菜、ブリ、豆腐などと煮込み、味噌で味を調える。
- **五島うどんの地獄炊き** 五島うどんは、讃岐うどんや稲庭うどんと並んで、日本の三大うどんの一つであるが、讃岐うどんほど強いコシがないのが評価されている。大鍋にうどんを茹でて、茹であがった順から一箸ずつ「溶き卵、かつお節（削り節）、醤油」を入れた容器に鍋の熱湯を入れてかき回し、熱いうどんを漬けて食べる。
- **煮ごみ** ダイコン、ゴボウ、大豆、昆布を煮干しのだし汁で煮込む。または、煮しめクジラの汁で煮る。煮しめクジラの汁で煮たものを「煮ごみ」といい、お祝いの日に作られる。大豆の代わりに栗や落花生を使うこともある。
- **具雑煮** 1637（寛永14）年の島原の乱の時、天草四郎が、約4万7,000人の信者と籠城した時に、農民たちに兵糧として餅を1個ずつ与えた。農民は山や海から材料を集めてきた雑煮を炊いたのが「具雑煮」の由来である。材料はゴボウ、山芋、レンコン、シイタケ、鶏肉、焼きアナゴ、卵焼きなどである。
- **ほしかりの味噌汁** 「ほしかり」はカサゴのことで、身はしっかりした白身で美味しい。背びれが大きいので、調理の際はケガをしないように気を付けること。この魚のうま味は味噌味に合う。

伝統調味料

地域の特性

▼長崎市の1世帯当たりの調味料の購入量の変化

年　度	食塩 (g)	醤油 (ml)	味噌 (g)	酢 (ml)
1988	4,186	18,158	13,170	3,351
2000	2,124	10,137	10,250	2,295
2010	1,504	5,792	7,648	2,751

　長崎県は、北海道についで長い海岸線をもつ県である。長崎県の人々は、この長い海岸線沿いに生活している。長崎県の人々は、古くから大陸との貿易によって外国の文化や宗教に接し、その影響を受けて生活した人もいた。

　現在の長崎の名物料理の長崎チャンポンや卓袱料理は、中国人の食生活や中国料理の影響を受けた料理の例としてあげられる。長崎チャンポンは、明治の中頃に、中国・福建省から長崎へ渡った陳平順（チンピンシュン）という人が、貧しい留学生に安くて、うまくて、ボリュームのあるうどんを提供しようとして考えた料理が始まりであると伝えられている。豚肉・鶏肉・魚・エビ・イカ・カキ・アサリ・ネギ・モヤシ・タマネギ・キャベツ・蒲鉾・竹輪など15種類以上の具を炒め、スープを加えたものを油で揚げたうどんにのせたもので、大正時代にはチャンポンの名で広まった。チャンポンの名の由来については諸説があるが、「いろいろなものを混ぜこぜにする」ということも名の由来の一つのようである。長崎市の「長崎新地中華街」の中華料理店でも、中華料理が日本化した長崎チャンポンを提供してくれる。卓袱料理は中華料理の日本化したものといわれている。江戸時代の前期に卓袱料理専門の店ができている。卓袱料理には主人とお客が一つの食卓を囲みお互いに団欒しながら、同じ皿で食べるという食習慣があった。中国人もポルトガル人、オランダ人など外国人の多い長崎で

は、中華料理も西欧料理も数多く取り入れて、主人と客が団欒しながら食べる長崎独特の食膳、すなわち卓袱料理が発展したといわれている。これが、長崎の郷土料理となった。長崎チャンポンも卓袱料理も日本の調味料が、目立っていないのも長崎の料理の特徴かもしれない。

島原や五島の麺類は、江戸時代前期の寛永14（1637）年に、島原半島や五島の島々に移住した農民によってつくられた。麺のコシは強く、風味がよく、最近では関東でも人気となっている。地元は焼きアゴのだし汁の麺つゆで食べる。明治12（1879）年に、西彼杵郡外海町のキリスト教の教会に布教活動のために赴任したマルコ・ド・ロ神父は、布教活動のかたわら村人たちの生活の向上にも励み、パン・マカロニ・そうめんづくりを手がけた。フランスの小麦を取り寄せ、出津川の水車で製粉し、塗布油として落花生油を塗って、手延べそうめんの技術を確立した。これを「ド・ロさまそうめん」といわれている。幻のそうめんといわれていたのを、昭和57（1982）年に神父の遺志を継いだ人々によって復活されている。コシの強さと風味のよいのが特徴である。

だし汁や醬油を使った「具雑煮」は、島原地方の山海の珍味に、丸餅を入れて土鍋で煮込んだ雑煮である。だし汁の材料は焼きアゴ、カツオ節などが使われる。だし汁・醬油・砂糖で調味して、煮ながら食べるのが特徴である。江戸時代前期の寛永14（1637）年に、天草四郎時貞が原城に籠城し、島原の乱を起こした時に、兵食としてつくられたと伝えられている。

長崎県にもいろいろな味噌や醬油を考案する会社があり、醬油にも味噌にも中辛のものや甘口がある。九州の味噌の特徴は麦味噌の甘口が多い。卵かけご飯用醬油も商品として市販されている。

知っておきたい郷土の調味料

長崎県は4つの半島があり、島嶼部も多い。対馬・壱岐から五島列島まで、約1,000の島々がある。半島、島嶼はそれぞれに独特の食文化や食習慣があるので、各家庭の味付けもさまざまである。長崎の島嶼部は清酒よりも焼酎を飲用する機会が多く、清酒・味噌・醬油を作るのに必要な麹を利用する食品が少ないので、他県よりも味噌・醬油の醸造元が発展しなかったと思われる。

醤油・味噌

- **長崎県の醤油・味噌醸造会社**　長崎県の醤油醸造元は、佐世保・島原・諫早・大村・平戸・西海・雲仙・南島原・西彼杵などの各市に1～4カ所ほど存在している。味噌醸造元は島原、諫早・大村・平戸・松浦・西海・雲仙・南島原などに1～6カ所ほど存在している。
- **平戸魚醤油**　カタクチイワシを原料とした魚醤油に鰹節のだし汁を加えて、味を整えてある。まろやかな口当たりの魚醤油といえる。魚醤油らしい香ばしさとまろやかな食感は、魚を発酵させて得たものである。野菜炒めなどにも使える。製造販売は平戸市・長田食品。
- **ユニークな醤油**　卵かけご飯に合う醤油、トーストに合う醤油、ヨーグルトに合う醤油などユニークな醤油を考案する経営者がいることで、地域的にも興味のある醤油を続出しているが、一種のだし醤油とみれば間違いない。
- **長崎の麦味噌**　九州地方は麦味噌が使われている。麦味噌の中でも瀬戸内海麦味噌（愛媛・山口・広島）のものは、さらりとした甘みがあり、麦特有の香りがする。これに対して長崎味噌（長崎・大分）のものは、色が淡い褐色で甘口である。薩摩麦味噌（鹿児島）のものは、色が淡色で甘口である。
- **島原みそ**　島原市の湧水と島原の風土がつくり上げる「島原みそ」は、㈲吉本食品で製造しているが、販売は通販のみのようである。長崎の人には評判のよい味噌である。長崎みそも通販のみで販売している。

食塩

- **長崎の塩の歴史**　佐世保には塩を一手に扱っていた塩屋松五郎という人がいて、石炭を採掘し、瀬戸内海の塩と交換取引をし、大いに栄えたという伝説がある。長崎は、半島や島嶼が多く、塩田をつくる場所がなかったので、塩を取引の商品とした人が存在していたことは想像できる。
- **潮のかおり**　五島列島・中通島の五島灘に面した海域の海水で作る塩（海のかおり）。
- **ごとう**　中通島の沖合いの海水で作る塩（五島塩の会）。
- **玄海の塩**　赤島の沖合いの海水でつくる塩（㈲玄海塩の会）。

- **とっぺん塩**　中通島沖の海水を原料とした食塩。なお「とっぺん」とは五島列島の方言で「頂上、一番」という意味（㈱浜田組食品事業部）。
- **塩焚き爺の天塩(てしお)**　中通島東側の海水を原料とする塩（ユリヤ製塩所）。
- **五島灘の塩**（本にがり仕立て）　長崎県の五島列島の海水から製塩したもの。やや薄い黄色を帯びている。クエン酸アンモニウムを添加。食塩100g中のナトリウム量は37g、マグネシウム量は350mg、カルシウム量は180mg、カリウム量は140mg（長崎市西海市崎戸町㈱菱塩製造）。

郷土料理と調味料

- **皿うどん・ちゃんぽん**　独特の麺と、「鶏がらと豚骨」からとったスープに数多くの山海の珍味をラードで調理した麺料理。ちゃんぽんは明治30年代に、陳平順が長崎の中国人のためにつくったのが始まりである。
- **佐世保バーガー**　佐世保にアメリカの食文化といえる「ハンバーガー」が導入されたのは昭和25（1950）年、アメリカの海軍によってであった。その後、アメリカの海軍軍人から直接レシピを聞いて佐世保の味に仕立てたのが「佐世保バーガー」である。

発　酵

出島から輸出された醤油のコンプラ瓶

◆地域の特色

　五島列島、壱岐島、対馬など数多く971の島嶼を含み、全国で最も島が多い。佐賀県と隣接するほかは、周囲を海に囲まれている。また、海岸線の長さは4137kmであり、北海道に次いで国内2位である。

　南西方向から暖流の対馬海流が流入してくるため、全般的には気候は温暖で寒暖差も小さい。冬場は東シナ海側を中心に曇りがちの天気になることが多く、時雨や雪を降らせることもある。九州地方最北端の対馬は、朝鮮半島との距離が50kmほどと近く、降雪日も多い。

　農業は、ビワの生産量が全国一で、ジャガイモ、レタス、タマネギなども多く穫れる。かつては捕鯨が盛んで、漁場は、ナガスクジラやゴンドウクジラが多く回遊する平戸、生月、壱岐、五島の海域だったが、幕末から明治時代にかけて急速に衰退し、明治30年代にはまったくその姿を消した。

◆発酵の歴史と文化

　1639（寛永16）年、江戸幕府は、スペインとポルトガルからの来航および日本人の東南アジア方面への出入国を禁止し、貿易を管理、統制、制限した対外政策を始めた。この鎖国政策は、1854（嘉永7）年の日米和親条約締結まで続いた。

　出島（長崎市）は、1634（寛永11）年江戸幕府の対外政策の一環として長崎に築造された、1.5haほどの人工島である。1636（寛永13）年から1639年（寛永16）まで対ポルトガル貿易、1641（寛永18）年から1859（安政6）年までオランダ東インド会社を通して対オランダ貿易が行われた。

　この出島から、コンプラ瓶に入れた醤油や酒が東インド会社によって海外へ輸出されていた。コンプラとはポルトガル語Comprador（コンプラトール）の略で、「買付け」や「仲買人」を指し、鎖国時代の出島の売込商人のことはコンプラ仲間と呼ばれた。このコンプラ仲間により輸出された

醤油はコンプラ醤油と呼ばれ、瓶は波佐見で焼かれ JAPANSH SOYA と文字入れされた。同様に、酒を入れたコンプラ酒の瓶は JAPANSH ZAKY と文字が入れられた。長崎近辺の醤油や酒が遠くヨーロッパまで輸出されていたわけである。

長崎商館の医務職員として勤務したスウェーデンの医学者で植物学者のカール・ペーテル・ツンベルクの旅行記『ツンベルグ日本紀行』には、「日本人の作る醤油は非常に上質で、これは中国の醤油に比して遥かに評判が良かった。そのため、日本の多量の醤油がバタビア、印度、およびヨーロッパに運ばれた。」と書かれている。

◆主な発酵食品

醤油　甘口を主体として、さまざまなタイプの醤油が造られている。チョーコー醤油（長崎市）をはじめとして、ヤマコメ醸造（南島原市）、マルカ醤油本店（南島原市）、ヨーコー商事（佐世保市）など多くの蔵がある。

味噌　裸麦から造った麹を多く使った、比較的甘口の麦味噌がほとんどで、米味噌と麦味噌を調合した合わせ味噌が増加しつつある。米味噌は15％程度である。長工醤油味噌協同組合（長崎市）のほか、喜代屋（南島原市）、島原みそ醸造元（島原市）、中屋商店（島原市）、大渡商店（東彼杵郡）、原味噌本店（東彼杵郡）など多くの製造場で造られている。

日本酒　1772（明和9）年創業の今里酒造（東彼杵郡）、敷地内には県指定史跡「本陣屋敷」と県指定有形文化財「酛蔵（現在も仕込み中には使用）」をもつ潜龍酒造（佐世保市）、本土最西端の蔵である福田酒造（平戸市）、対馬唯一の蔵である河内酒造（対馬市）、杵の川（諫早市）など約10の蔵がある。

焼酎　壱岐で豊富に穫れた麦を原料として、約400年前より麦焼酎が造られており、壱岐は麦焼酎発祥の地である。平成7年にはその伝統と製法が認められ、地理的表示（GI）が認められた。壱岐の麦焼酎は、米麹1に対して大麦2を使用した製法で、麦由来の香りと米麹を使用することによる甘みが特長である。天の川、壱岐の華、玄海酒造、山の守酒造場など島内七つの蔵元によりその伝統と製法が守り続けられている。五島列島では、サツマイモを使った芋焼酎が造られている。

からすみ　ボラの卵巣を樽に収めて約6日間塩漬けし、塩抜き後、約10日間の天日干しを繰り返して乾燥させたものである。塩漬け中に弱い乳酸発酵が起こっているといわれている。名前の由来は形状が中国伝来の墨「唐墨」に似ているためといわれる。長崎のからすみは、越前のウニ、三河のこのわたとともに日本三大珍味の一つに数えられる。

長崎豚まん　長崎産の豚肉とタマネギを使用するなど材料にこだわったものが多く、キメが細かい皮となるように低温発酵をさせたものなどもあり、長崎市の思案橋などに多くの店がある。酢醤油とともに食べる。

鯨軟骨粕漬け　クジラの上あご（鼻筋）の軟骨「かぶら骨」を細かく刻み、水に晒して脂を抜いた後に、甘く調味した酒粕に漬け込んだものである。松浦漬けや玄海漬けとも呼ばれる。平戸や佐賀県呼子で作られている。

せんだんご　対馬の伝統的な保存食で、サツマイモを発酵させたデンプンや食物繊維からなる。11月頃、サツマイモを洗い、臼で粉砕する。桶の上にのせた目の粗い笊（ざる）にイモを入れ、水を交換しながら数日間水に漬けて発酵させる。さらに、平板の上で厚さ7〜8mmにならして広げ、屋外で10〜40日ほどかけて発酵させる。内部は乳酸菌などによる発酵が進行して黄褐色になる。これをソフトボールぐらいの大きさに丸めて団子にし、板や床の上に並べて寒晒しして1〜2カ月かけて乾燥させる。桶の水に漬けてよく揉むとデンプンが出てくる。浮いてくるイモの皮や繊維を上澄み水ごと取り除き、さらに目の粗い笊に通して細かい繊維なども除く。底に白い沈殿物だけが残るようになったら上澄みを流出させ、晒（さら）しを敷いた容器に沈殿物を移す。一晩経つと粘土ぐらいの固さになるので、指でつまんで乾燥しやすい鼻型の団子にして屋外で乾燥させ、完成となる。すべての工程が完了するのは3月頃となる。郷土料理のろくべえなどに使用される。

納豆味噌　島原地方に昔から伝わる「なめ味噌」で、水分を多くして醪（もろみ）風に仕込んだ麦味噌にショウガや昆布などを切り刻んで漬け込み、数カ月間熟成、発酵させたものである。少し甘めの味噌にピリッとしたショウガの辛さと昆布のまろやかな味わいがおいしい。

寒干漬け　　冬の寒風に晒して漬けられる「寒干し沢庵」である。寒風に晒すことで、ダイコンの旨みが凝縮される。乾燥させたダイコンは、塩漬けや醤油漬けにされる。鰹節やシソなどで風味を増したものも多い。

◆発酵食品を使った郷土料理など

ろくべえ　　せんだんごを水に浸けて戻し、粘りが出るまでこねた後、ところてん突きのような穴の並んだ箱（ろくべえ突き）に入れて熱湯の中に押し出し、茹で上げて、うどんのようにして食べる。対馬の郷土料理である。

卓袱料理（しっぽく）　　海の幸にも恵まれた長崎で、中国料理、南蛮料理の手法を巧みに取り入れ、日本料理と組み合わせて作り上げられた料理である。大皿に盛られたコース料理を円卓を囲んで味わう。江戸時代から伝統ある料理として続き、今日では長崎独特の伝統料理として賞味されている。この卓袱料理には昔から甘口の白味噌を使った味噌汁がつきもので、アラ、ホウボウ、カレイなどの白身の魚を入れる。

◆発酵関連の博物館・美術館

醤油資料蔵（チョーコー醤油）（大村市）　　かつて実際に醤油を製造していた蔵が移築され、戦前に使われていた歴史ある道具などが、当時の製法に基づいて展示されている。

◆発酵関連の研究をしている大学・研究所

長崎大学水産学部　　からすみなどの伝統的な発酵食品中の微生物や、海の生き物の腸内に共生する微生物などの研究がなされている。

Ⅱ　食の文化編

和菓子/郷土菓子

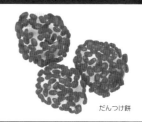
だんつけ餅

地域の特性

　九州の西部に位置し、東は佐賀県に接し、北は日本海、西は東シナ海に面し、三方を海に囲まれている。西海上に五島列島、西北海上には壱岐、対馬がある。気候は対馬暖流の影響により温暖な海洋性気候を呈する。全般的に多雨で、台風の通過圏に位置し集中豪雨に見舞われることも多い。

　県内は、かつての肥前・壱岐・対馬の3国からなっている。

　長崎といえば、外国に向かって開かれた3つの港があり、中国・西欧との窓口は平戸、長崎であった。そして朝鮮との窓口は対馬。これらの地方はそれぞれに異国の文化が深く定着し、後世にまで影響をもたらしていた。特に菓子文化は著しく、南蛮伝来の「カステラ」は日本の菓子として定着し、中国から伝わった「口砂香」は、祝儀や不祝儀の引き出物として広く使われている。

　また、出島を通して輸入された砂糖は、長崎街道を経て佐賀、福岡、さらには京都・大阪に続いていた。この道を「シュガーロード」といい、沿道には貴重品の砂糖をふんだんに使ったさまざまな菓子が誕生していた。

地域の歴史・文化とお菓子

長崎の「胡麻菓子」と対馬の「だんつけ餅」

①エピソードを伝える「一口香」

　江戸の文化・文政期にはやった菓子に「胡麻胴乱」がある。小麦粉に胡麻を混ぜて焼き、膨らませたもので中は空っぽ。それで見かけ倒しを「胡麻菓子」といったそうである。ちなみに「胴乱」は、皮や羅紗製の方形の物入れで、中がやはり空っぽからきているそうだ。

　そんな面白いエピソードのある菓子が、九州の長崎や佐賀にある。中国の「唐饅頭」の製法を伝える「一口香」で、饅頭とはいえ乾燥した菓子で、

昔、唐僧や東シナ海を航海する中国人たちの保存食であった。焦げ色の堅めの皮をパリッと頬張ると中はまったくの空洞。これは「ごまかし」ではなく、小麦粉のグルテンの力によってできたもので、創意工夫の賜物であった。

② 中国人から伝えられた「一口香」

　長崎市内から山道をバスで20分くらい行ったところに「茂木ビワ」で知られる茂木がある。江戸時代から続く長崎の「一口香」店、「茂木一〇香本家」はここにある。茂木は良港で幕末期、初代はここで雑貨商をしていた。港に避難していた船の中国人から唐饅頭の製法を教わった。一口食べると香ばしい味わいがして、それを「一口香」とよんだ。その後菓子屋に転業し、創業は1844（弘化元）年で当時は「えのき屋」と称した。工夫と改良を重ねてこの店では他店のものと区別するため、昭和に入り「一〇香」と改めた。

③ 「一口香」の製法

　水飴で捏ねた小麦粉生地を丸め、中に黒砂糖や蜂蜜を入れて焼く。生地が膨張して中の蜜に気泡ができ、冷やすとその気泡が飴状になって内側にくっつき空洞化する。まさにカラクリで、そこから「カラクリ饅頭」の異名がある。そして菓子の表面にゴマもついてまさに「胡麻菓子」である。

　さてこの「一口香」、佐世保や平戸では正月のお菓子で、元日の朝これを食べてお屠蘇で祝う。ありがたいお菓子を「胡麻菓子」といっては失礼かもしれない。

　「一口香」は、佐賀県下では「逸口香」、四国では「唐饅頭」、愛知県の常滑にも「一口香」があり、よく似たお菓子が各地に伝えられている。

④ 「蒙古襲来」の悲劇を伝える対馬の「だんつけ餅」

　「蒙古襲来」といえば、鎌倉時代に（フビライが率いる）元の軍隊が日本に来襲した事件である。「文永・弘安の役」として知られている。

　玄界灘に浮かぶ国境の島・対馬には、この時の悲劇が今も語り継がれている。1274（文永11）年10月5日、対馬の島主・宗助国とその家臣たちは、対馬の西側・佐須村（現・対馬市）小茂田浜に上陸した蒙古・高麗連合軍と壮絶に戦ったが力尽き全滅した。その激戦地となった小茂田浜には、のちに彼らの霊を祀る小茂田浜神社が建立され、毎年11月の第2日曜日に大祭が行われている。

このお祭りに地元の人たちが必ず作り、食べるのが「だんつけ餅」で、神社の境内にはこの日だけという、手作りの「だんつけ餅」を持ち寄り、販売する元気なお母さんたちで賑わっている。
⑤「だんつけ餅」の由来
　この餅は別名「佐須餅」ともよばれる。もち米を蒸して搗いた餅を丸め、地元でメナガという小豆の仲間を煮て、塩味だけのメナガを餅のまわりにびっしりはりつけた餅である。メナガは餅が熱いうちでないと付きにくいため、餅取り粉は使わない。現在は北海道の小豆が使われている。
　この餅の外側に茹でた小豆（メナガ）を付けるのは、村人たちが兵士のために餅を搗いて、メナガを餅の中に搗き混ぜようとして準備をしたところ、蒙古軍が上陸して攻めてきた。それでメナガを餅に入れる間がなく、餅のまわりにはりつけて兵士たちに食べさせたという。それ以来この土地ではこのようにして食べるのだという。塩味のあっさりした餅である。
　それにしてもこの地方では、餅に小豆を搗き込んで食べる作り方があったようだ。宮崎県の「お船出だご」がそれで、神武天皇の出発が早まったため急きょ、急いで献上するために里人らが餅の中に小豆を搗き込んでつくった団子だった。こちら対馬の「だんつけ餅」とは真逆である。しかし、どちらも朝鮮半島につながる小豆餅の食べ方と思われる。
⑥「だんつけ餅」の伝説
　この餅の小豆は、色を失わないように灰汁抜きはしないで炊き上げる。蒙古軍との戦いで戦死した兵士の人数、宗助国以下80騎に因み、「だんつけ餅」の小豆は80粒付けるという。
　小茂田浜の人たちが、餡子餅を作っていたところ、元寇が急に攻めてきたため、人々は慌てて餡子作りをやめて、小豆もつぶさず、砂糖も入れず、小豆を餅の表面にまぶした。そして山の中に逃げたといわれる。
　「だんつけ餅」は、本当は「ダニ付け餅」で、血を吸うダニが皮膚に吸い付いている様子に、餅がよく似ているからその名がつけられたという。
⑦「だんつけ餅」に似ている各地の餅
　富山県・石川県地方で暑気払いに作る餅が「ささげ餅」。餅を搗いて丸め、茹でたササゲ豆をまわりにびっしりはりつける。福井県の「飛びつきだんご」。お盆に作られ団子のまわりに小豆が飛びついたようにはりついているからこの呼び名があるという。滋賀県の水無月祓いに作る「わぬけ餅」。

鏡餅の底辺に小豆をびっしりはりつけている。沖縄県の十五夜の「ふちゃぎー」。こちらもだんつけ餅とよく似ている。また韓国の「ススト二カ」も仲間のようである。

行事とお菓子

①北松浦地方の子供のお年玉

この地方では「正月飾り」として三宝や盆に半紙を敷いて米をのせ、その上に中央には橙(だいだい)、するめ、昆布、丸ぼうろ、へそ菓子、一口香、ミカン、干し柿などをのせ、飾っておく。これを「お手懸け(てかけ)」といい、かつては近所の子供たちが来るとへそ菓子や一口香などを半紙にくるんでお年玉としてあげた。

②平戸の「おてがけ」と「七色菓子」

「おてがけ」はお手懸け、お手掛けとも書くが、古く江戸で「喰積(くいつみ)」、関西で「蓬莱」とよばれた正月飾りである。①に記した縁起の良い食べ物を三宝や盆に盛り床の間などに飾ったが、江戸ではこれを賀客に進め、主人ともども摘まんで食べて新年を祝った。その風習が廃れ、後に「お節料理」に変化したともいわれる。

平戸の「おてがけ」は、①の橙、するめ、昆布といったものにさらに「七色菓子」（7種菓子）が重んじられた。菓子はとくに決まっていないが干し柿・みかん（もち粉の菓子）・一茶（朝倉市〈福岡〉で作る茶菓子）・丸ぼーろ・寒菊・一口香・へそ菓子・辻占菓子などが盛られている。これらの菓子を盛った「おてがけ」を家族の中心に置いて、元日の朝、摘まむことに意義があった。中でも辻占菓子は「辻占煎餅」ともよばれ、丸い小麦粉煎餅を2つ折りにした中に、「勘定合って銭足らず」「負けるが勝ち」等と諺が書かれた紙片が入っている。それを摘まんで楽しみ合い、平戸のものはめでたく紅白2色がある。北陸金沢地方の「辻占」と良く似ている。

③旧暦3月3日の雛祭りと「ふつ餅」

九州・沖縄で「ふつ」は、ヨモギ（蓬）のことである。北松浦地方では春になって芽立ち始めた「ふつ」を摘んで、これを餅に搗き込んだ「ふつ餅」を作る。この餅は隣近所に配った。

④5月5日の「からまき」と「かからだご」

男の子の節供で「からまき」はだん竹の葉で団子を三角に包み蒸したも

の。"だご"は九州で団子のこと。「かからだご」は、山帰来(さんきらい)の葉で包んだ団子である。この日はふつ、男カヤ、ショウブを束ねて屋根にのせ、魔除けにした。

⑤諫早地方の「唐灰汁粽(とうあくちまき)」

5月の節供に作る。唐灰汁は中国で自然にできたアルカリ性の湖水で輸入されていた。これを湯に溶いて、洗ったもち米を一晩浸す。この米を木綿の袋に入れて3時間茹でる。できあがったら水を掛け、冷まして袋から出して木綿糸で括って切り分け、砂糖や黄な粉で食べる。

⑥お盆の送りだご（団子）

盆の15日には「かからだご」の他に「送りだご」を作る。米粉ともち粉を半々に入れて団子を作り、山帰来の葉で包み、5、6個を括って蒸し、お精霊様に供える。夜に「送り菰」に入れる。お精霊様が西方浄土に帰る途中、これを弁当にするのだと伝えられてきた。

⑦壱岐の「けいらん」

法事や彼岸の先祖供養の供え物であり、手数がかかる餅で、最近は「けいらん屋」で売られている。竹筒のような形で、餡が巻いてあり、中央に紅で絵付けされている。米粉の団子を蒸してから臼で搗き、形を整え、こし餡を巻いていき、さらにもう一度蒸す。これを真ん中で斜めに切る。

ところによっては「いがけいら」といって、餡を包んだ後、ふやかしたもち米をまぶして蒸す。栗の毬(いが)のようになるので「いがけいらん」とよんでいた。

知っておきたい郷土のお菓子

- **カステラ**（県内各地）　天正年間（1573〜91）にポルトガル人によって長崎に伝えられた南蛮菓子。最も日本人に愛され、改良されたため、贈りものとしても人気を誇る。福砂屋、松翁軒、文明堂などが作る長崎銘菓。

- **寒菊・もしほ草**（長崎市）　1830（天保元）年創業の岩永梅寿軒の銘菓。「寒菊」は寒風で乾かした餅を焼き、生姜風味の砂糖衣を着せたもの。「もしほ草」は製塩に使う海藻に因み、昆布を練り込んだ求肥餅。長崎ならではの菓子。

- **口沙香(こうさこう)**（県内各地）　一般の落雁とは異なり、うるち米を煎った粉と砂

糖を合わせて小さな菊型などで抜く。サックリとした食感と、米の香ばしさが特徴。打ち物菓子全体の総称としても使われている。

- **中華菓子**（長崎市）　長崎の異国菓子といえば中国菓子も有名。「麻花兒」（よりより）、中国のお金を模した「金銭餅」は白胡麻がまぶされている。
- **九十九島せんぺい**（佐世保市）　ピーナッツを散りばめた縁起のよい亀甲型の小麦粉煎餅。上面に「九十九島」と白く書かれた名物のお土産菓子。
- **カスドース**（平戸市）　1502（文亀2）年創業の蔦屋の平戸銘菓。ポルトガルの神父より伝授されたといわれ、平戸藩松浦家の『百菓乃図』にも載る。一口大にしたカステラを卵黄にくぐらせ、煮たてた糖液に浸してグラニュー糖をまぶす。平戸藩の「お留菓子」で庶民は食べられなかった。
- **牛蒡餅**（平戸市）　熊屋の平戸銘菓。江戸時代に流行した菓子。米粉と黒砂糖または上白糖で作る小ぶりの筒形のしんこ餅で芥子の実をつける。
- **かんころ餅**（平戸市・五島市）　かんころは薩摩芋の切干で、昔はこの地方の浜辺の納屋にたくさん干されていた。これを蒸して白い餅に搗き込んだかんころ餅は、焼いて食べるとほのかな甘さが忘れられない。
- **かす巻**（壱岐・対馬地方）　小豆漉し餡などをカステラ生地で巻いた郷土菓子で、対馬藩宗家の御用菓子でもあった。また、同様の菓子が島原地方でも「とら巻」などともよび親しまれている。
- **森長おこし**（諫早市）　菓秀苑森長が作る黒砂糖の粒も入るおこしで、砂糖が豊富で、米どころでもあった諫早の名物。創業200年を機に、木枠に手で延ばして作る戦前の「黒おこし」も復現した。
- **ざぼん漬け**（島原市）　1621（寛永元）年創業の辰巳屋総本舗の島原銘菓。島原には江戸初期にポルトガル船が伝えた柑橘類のザボンの巨樹があり、これを砂糖漬けにした銘菓。ザボンと鹿児島の文旦とは同じである。
- **へそ菓子**（平戸・佐世保市一帯）　正月の「おてがけ」にのせる菓子。砂糖を加えた小麦粉生地の焼き菓子。直径3cm程の中高の丸い菓子で、表面に赤と緑の筋が入り、中は一口香のように空洞になっている。季節菓子で後述の辻占菓子と共に正月用に販売される。地域によっては春秋の彼岸にも仏前に供える。

- **みかん**（平戸・佐世保市一帯）　果物の蜜柑ではなく、蜜柑の皮を剝いた形の小さな菓子。赤・黄・オレンジといった色合いの、甘く「軽る焼風」の菓子で「おてがけ」にのせる祝い菓子。
- **辻占菓子**（平戸・佐世保市一帯）　元日の「おてがけ」にのせる縁起菓子。ショウガ味の小麦粉煎餅の丸い生地を2つ折りにし、諺などを書いた紙片を挟み、さらに型にはめて成形する。へそ菓子と一緒に正月の人気菓子。

乾物 / 干物

唐墨

地域特性

　長崎県は九州西端部に位置し、佐賀県と隣接し、東シナ海に面し、周囲が海に囲まれ、壱岐島、対馬、五島列島など多くの島々を有し、半島や山間地は丘陵地である。海岸線はリアス式海岸で、地形的には特徴があり、複雑に入り組んでいることから、海産物、ひじき、わかめ、トビウオ、カタクチイワシ、など多くの海産物の宝庫でもある。

　気候的には、対馬海流である暖流が流入し、全般的には温暖である。冬は東シナ海側を中心に降雪は見られるが、量は少ない。島原半島は活火山地帯で、雲仙普賢岳の噴火はまだ記憶に新しい。台風は多く上陸はするが、被害は少ない。県庁所在地である長崎市は、オランダ、中国、ポルトガル船が寄港し、江戸時代から幕末にかけて貿易が盛んに行われ、数々の文化が入り込んでいる。

　長崎カステラ、チャンポン、チャーメン、島原手延べ素麺、五島手延べ素麺など粉文化も多く定着している。

知っておきたい乾物 / 干物とその加工品

茹で干し大根

　長崎県西海市面高地区の、五島灘に面した海辺の町は、海の上に高さ50mの断岩絶壁にある。冬の北風が吹く季節になると、地元の人は「だいこん風」と呼ぶ季節風にさらすため、海沿いに組んだやぐらで茹でた干し大根を干す。真っ白な大根が青い海の色に反射しているその景観——巨大な干場「やぐら」から立ち昇る湯気、雪化粧のような茹で干し大根——は、この地方の冬の風物詩でもある。

　長崎県でも特有の冬の季節風を利用して、西海市と五島地区だけで作られている茹で干し大根は、古くから保存食品として作られ、佐世保や長崎の市場などで売られていたというが、本格化したのは昭和30年ごろのようである。

Ⅱ　食の文化編

以前は竹でやぐらを組んで、大根洗いも、切るも茹でるもみんな手作業であったが、今は徐々に機械化され、竹のやぐらは鉄製に変わり、効率もよくなったことから、生産者も増えてきているという。

　使う大根は緻密な肉質で煮崩れしにくい「大栄大蔵大根」という品種で、茹でることで甘みを増し、身が固く煮崩れしない。また、干し上がりがきれいになる。調理したときに染みやすくなり、太く厚めにカットすることで独特な歯ごたえが生まれる。茹でた大根を一昼夜で乾燥させることで、あめ色になる。冬の北西の季節風を利用した食材である。

＜製造工程＞
① 畑から運んできた大根をまず洗浄機できれいに洗う。
② ひげねや傷、色の悪い大根や鬆の入った部分などを丁寧に取り除き、皮をむき上げる。皮むきがいい加減だと仕上りの色が悪くなる。
③ 専用機で短冊状にカットした大根を、大きなかごに一杯になるまで入れる。
④ かごごとクレーンでボイラーの中に沈め、茹でむらがないように混ぜながら15分間くらい茹でる。茹で過ぎると煮崩れが起き、足りないとつやのない白っぽい仕上りになってしまう。
⑤ 茹で上がった大根は軽トラックに積み、やぐらまで運び、一気にやぐらの上のネットにばらまく。干場にむらなく平らに広げる。
⑥ 乾燥場では、干場の広げ方、その日の風の強さなどを考え、飛ばされないように厚くしたり、薄くしたり、大根同士がくっつかないようにほぐしたり、乾燥むらが出ないよう細心の注意を払う。乾燥が難しい。

　茹で干し大根のほとんどが風任せである。西高東低の冬型の季節風が海から強く吹き付ける日が最もよく、一昼夜で乾き、上質の茹で干し大根が仕上がる。茹で干し大根は、ほかの切り干しなどと同じく、食物繊維は生の20倍もあり、リンは17倍、マグネシウム、カルシウムなども大変多く含む。最近は健康食品の代表としての人気も高い。手間をかけて作った茹で干し大根は透明感があり、15分間ほどで水戻しができる。そのままサラダでも食べられる。

対馬椎茸 　九州の最北端福岡から138kmのところに位置する対馬は面積の89%が山林で、シイタケ栽培が盛んであるが、生産量は少ない。入江と島々が複雑に入り組んだリアス式海岸で、海産物も豊富である。どんこ椎茸は肉厚で歯ごたえがよく、うま味、香りも良好で、原木栽培で関東市場にも出ている。

五島手延べうどん 　元寇の役に捕虜となり、五島に住み着いた中国人が教えたといわれる伝承の技が今日に至った（確かではない）。美しい海に囲まれた五島では、塩作りが盛んで、五島の海水から作る「五島の塩」は見た目も美しく、ほのかなうま味がある。この塩と厳選された小麦粉を混ぜ合わせる。

　五島手延べうどんの特徴は、手延べを作るときの油返しに、五島に自生する椿の実から搾った「椿油」で丹念に延ばし、腰の強いうどんに仕上げることである。また、地元では長崎産の焼飛び魚のだしから取ったあごだしで食べるが、このだしはまた格別である。

対馬あおさ 　島の海岸線は2月から春先にかけて旬であるあおさが一面に広がり、磯の香りが高く、人気がある。

揉みわかめ 　ワカメの茎を取り、葉の部分だけを何回ももみながら乾燥して細かく仕上げた製品。長崎県島原市の特産品である。

対馬長ひじき 　対馬長ひじきは煮物にしたときに煮崩れしにくく、味がしっかり採れることから人気がある特産品である。そのほか、壱岐、五島天草で採取されるヒジキは、太さのそろった長ヒジキであり、歯ざわり、風味もよい。

対馬ろくべえ 　さつま芋を発酵させて作った製品。さつま芋を発酵させ、侵漬させ、乾燥させる工程を繰り返し、麺線状に切ったもので、郷土料理「ろくべえ」「せんだんご」として人気がある。

かじめ 　コンブ科の褐藻類の一種であるカジメを乾燥した製品。乾燥カジメは、長崎県壱岐の特産である。日本では房総半島金屋、神奈川県下、東京湾の一部、ほかに本州中部、太平洋岸にも生息する。長い茎部の先に「はたき」のような葉を持っている。カジメはアラメに似ているため、地方によってはアラメとカジメを区別せず、同じものとして扱っているところもある。しかし、カジメは茎部が枝分かれしないのに対して、アラメは2つに分岐している。また、カジメは側葉の表面が波打たず

Ⅱ　食の文化編

に平滑である。

　古くからヨードチンキなどの薬品に使われ、アラメより高価である。アラメに比べ、アルギン酸の含有量が高い。カジメのほうがよく粘る。わかめと同様にして食べる。九州北部あたりでは湯船に入れて入浴する「カジメ湯」という習慣もある。

焼あご　トビウオの煮干し製品。長崎県平戸市生月島(いきつき)では焼きあごの生産が盛んに行われている。トビウオの漁期は短く、10月ごろの3週間くらいに限られ、生産が不安定で貴重である。近年はタイや中国からの輸入ものが多くなってきているが、長崎産には勝てない。

　あごはトビウオの独特な甘みと上品なだしが取れることから、西日本、九州地方はもちろん、全国の料亭などでも人気が高い。トビウオは青背魚だが脂肪が少ないため、甘味のある淡泊なだしが取れる。10cmぐらいであまり大きなものは避け（大きくなると脂肪が多くなるため）、串に10匹くらい頭の近くに刺して、炭火の上で頭としっぽを重ね合わせるようにして焼く。焼くことによって魚の臭みが取れて、うま味が凝縮されて、より強い味となる。長崎県の郷土料理「卓袱料理(しっぽく)」に使われたり、近年は和風ラーメン店が使うなど業務用の需要が多い。島原半島での生産が多い。長崎県では島原手延べ素麺の麺つゆとしての利用が大変人気である。

うるめ煮干し　ウルメイワシで作った煮干しである。長崎県が主な産地でカタクチイワシに比べ、ウルメイワシは脂肪分が少なく（約1/3）、クセのないあっさりしただしが取れることで人気がある。

平子煮干し　マイワシの稚魚で作った煮干し。あっさりとしたカタクチニボシよりさらに淡白な味のだしが取れる。近年マイワシが不魚のため生産量が少なく、希少品となっている。

五島ひじき　長崎県五島産ひじきは、長ひじき（茎の部分）と米ひじき（姫ひじき）と呼ばれる葉の部分を指す。昔ながらの天日干しが多く、天気のよい日に釜揚げされたひじきは、昼から専用の敷地内で手作業により天日に広げられ、翌日には夕方までまた天日干しにされる。ひじきの色合いを均一にするために煮汁で色上げされ、最終仕上げとして再び朝8時ごろから夕方5時ごろまで天日干しをする。天日干ししたひじきは、長ひじきと米ひじきに選別し、袋詰めするという大変手間がか

かる作業である。

水いかするめ
　五島のスルメイカはうま味を引き出すために鮮度にこだわり、水揚げされたイカをその日に天日干しし、温度、湿度の天候状態によって仕上げまで早いもので4〜5日かかる。水イカは10日近くもかかる。

　水イカは、夏ごろに孵化し、冬場にかけて親イカへと成長し、孵化した後に生涯が終わる1年ものである。産卵を前にした春ごろの水イカが一番大振りのものが増えるが、その質は身が薄く、固くなり、うま味や甘みが薄くなってしまう。いつの水イカがおいしいのかといえば、それは親イカに成長してしまう前の水イカで、まだ親イカへ成長しきっていない、秋から冬の子供の水イカ。このころの水イカは身も厚く、柔らかく、何よりもうま味、甘みが濃いのである。

からすみ（唐墨）
　長崎からすみはボラの卵巣を塩干ししたもので、越前うに、尾張このわたと共に三大珍味と珍重されているが、長崎県野母崎半島や五島列島で捕れるものが最高級品といわれている。「からすみ」の名前は、形状が中国伝来の墨「唐墨」に似ていることから付いたといわれている。ボラの卵は一つひとつが違うので、手作業で丁寧に塩漬けし、塩抜きし、天日で干し、2〜3週間かけて干し上げる。難しいのは塩抜きと干し上がりの見極めで、この工程が味を大きく左右する。経験と技術を要する。

Ⅲ

営みの文化編

伝統行事

長崎くんち

地域の特性

長崎県は、九州最西端に位置し、日本海・東シナ海に面する。半東部と島嶼部から成り、半東部は長崎・島原・北松浦・西彼杵(そのぎ)の4つの半島に分けられ、山地や急傾斜地が多い。海岸はリアス式で、陸海ともに複雑な景観をもつ。島嶼部は、県域の45パーセントを占め、対馬・壱岐(いき)から五島列島まで約600もの島が含まれる。対馬暖流の影響で、気候は温暖だが、降雨量は多い。

古代から海外との交流の窓口で、鎖国政策がとられた江戸時代にも出島でオランダ・中国との貿易が行なわれた。朝鮮との交流は、対馬を介して行なわれ、対馬藩は日朝貿易で潤った。

伝統工芸では、ビードロなどのガラス細工、べっこう細工、さんご細工、三川内焼、波佐美焼などがある。

西海(さいかい)国立公園など3つの国立公園があり、美しい海岸美と異国情緒あふれる史跡に恵まれている。

行事・祭礼と芸能の特色

長崎といえば、つい異国情緒を連想してしまうが、行事や芸能のなかには古風を伝えるものが少なくない。そのなかでも特筆すべきは「壱岐神楽」で、社家（神職）だけで舞い伝えている。島内の神社では相互に助勤、畳2枚の中ですべての舞が完結する格調の高い神事舞である。

この壱岐神楽の影響を受けながら伝承されているのが、平戸神楽である。ともに、国の重要無形民俗文化財に指定されている。

「かくれキリシタンの習俗」「対馬の亀卜(きぼく)習俗」「壱岐の船競漕(ふなきょうそう)」などは、海を通じて伝来した要素を含んだ、そのところでは長崎であらばこその行事である。

主な行事・祭礼・芸能

長崎精霊流し（しょうろう）

長崎市をはじめ長崎県内各地で行なわれる盆行事。初盆を迎えた故人の家族らが、盆提灯や造花などで飾られた精霊船に故人をのせて、「流し場」と呼ばれる終着点まで運ぶ。毎年8月15日の夕方から開催される。

精霊船は、個人用には一人で担げる小船、また、各町内では30人余りで担ぐ大きな藁船が用意される。そして、爆竹の音や鉦（かね）の音、「ドーイ、ドーイ」という掛け声が交錯するなか、それらを港まで運び、海に流す。船にはそれぞれ「浄土丸」とか「阿弥陀丸」などといった名がつけられ、船の帆には「南無阿弥陀仏」が記されたり、仏画が描かれている。初盆でない場合は精霊船はつくらず、藁を束ねた小さな菰（こも）に花や果物などの供物（くもつ）を用意して流し場まで持っていって流す。

なお、当夜は一晩中、市中は美しい燈明の光があふれてにぎわう。そのため、あたかも観光化されたまつりのように思われがちだが、精霊流しは、あくまでも故人を追悼する盆行事なのである。

平戸ジャンガラ

旧平戸藩領内に伝わる念仏踊。8月18日に平戸市内で行なわれる。ジャンガラとは、鉦と太鼓をにぎやかに打ち鳴らすその音からきた名称である。領民が豊年祈願の踊りとして奉納したことにはじまる、といわれる。現在、長崎市内では、平戸・中野・宝亀・根獅子・中津良・津吉・大志々伎・野子の9地区に伝えられている。

18日早朝に平戸城大手門に集まり、まず亀岡神社に奉納。その後、市内を練り歩き、日没までに旧城下の神社仏閣、諸官庁など約100カ所ほども巡って踊る。

「平戸自安和楽」と染め抜かれた美しい幟（のぼり）を先頭に、着物の絵柄を継ぎ合わせた幟の幟持ちが9人、笛3人、鉦叩き2人、踊り手10人が続き、平戸独特の囃子（はやし）ことばで「ホナーゴ、ホミデーデ」と唱えながら行く。各々は、短い帷子（かたびら）を着て菅笠（すげがさ）に紙花を飾り、踊り手だけは、顔を隠す五色の前垂れをつけている。一行は、家々の軒先に至ると、笛の合図で踊り手が円陣を組み、前に抱えた太鼓を叩きながら踊る。場所によっては輪を崩し踊ったり、4人が対になって踊ったりもする。念仏踊のひとつではあるが、

Ⅲ　営みの文化編

昨今は派手好みが進み芸能色が濃くなっている。

ペーロン　6月15日前後の日曜日（もとは5月5日）に行なわれる競漕行事。おくんち・凧あげとともに、長崎の三大行事とされる。江戸時代から行なわれており、当時は、唐人も市民も参加して熱中のあまり争いをおこすこともあった、という。そのため、長崎奉行によってしばしば禁止されたが、いつともなく復活して、いまに伝えられている。もともとは、クジラを突くための漁船が使われたが、のちにペーロン専用の船がつくられるようになった。かつては、全長30メートル、乗員も70人に及ぶといった大型の船もあったが、現在は全長が7尋（約10.6メートル）で乗員が36人に一定されている。内訳は、漕ぎ手が31人とあか取り（船に入る水を汲みだす役）1人が左右16人ずつ2列に並んで席を占める。ほかに舳に太鼓打ち、中央に銅鑼打ちが各1人、楫とりが1人、指揮者（競船委員）1人がいる。船の舳先は黒く塗られ、それに剣や矢を上向きに白や朱で書き込む。船の中央の柱には、御幣や長刀をつける。

競漕は、壮年組（25〜40歳）と青少年組（16〜24歳）の別がある。各組が順番を決めて、朝8時ごろから夕方まで熱狂的に行なわれる。発進の号砲が鳴ると、指揮者の振る采配、太鼓と銅鑼の響きとともに各船が一斉にスタート。指揮者は、大声で「ペーロン、ペーロン」と叫んで調子をつける。

ペーロンは、中国の福建省あたりの名称や様式が取入れられたものといわれ、「爬龍船」と記す。中国では、端午の日に汨羅に身を投げて死んだ愛国詩人屈原を祀る行事として伝えられている、という。また、競漕の本来の意味は雨乞いの儀礼にある、ともいわれる。が、日本では競漕に雨乞いの意味をもたせることはなく、相撲や綱引きと同様に年占の意義をもつものの、娯楽行事化して久しい。

長崎くんち　諏訪神社（長崎市）のまつりで、10月7日から9日までの3日間開催される。寛永11（1634）年、2人の遊女が諏訪神社の神前に謡曲「小舞」を奉納したことがはじまり、といわれている。

7日は、各町の傘鉾を先頭に銘々趣向を凝らした踊りが披露され、その後3台の神輿が本殿を出て200段の石段を一気に駆け降りる。8日には、「龍踊」や「鯨の潮吹き」「太鼓山」「阿蘭陀万才」など、中国やオランダ・

ポルトガルなど異国の凡情を強く残したダイナミックな踊りがみられる。最終日の9日には、再び3台の神輿が市中を練ったあと、神社の長い坂を一気に駆け上がってまつりが終了する。

　長崎くんちは、博多くんち（福岡市櫛田神社）、唐津くんち（唐津市唐津神社）と並んで日本三大くんちと呼ばれている。

　なお、「くんち」は、広義にはまつり日のことをいう。「宮日」とか「供日」という字が当てられることもある。一方、旧暦の重陽の節供にあたる9月9日（九州北部地方の方言で「くんち」）に由来して「九日」とする説があり、博多や唐津ではこの説が有力である。

豆酘赤米神事

　対馬の豆酘に伝わる赤米を神霊として祀る神事。多久頭魂神社で行なわれる。多久頭魂神社は、神仏習合の歴史が顕著な神社であり、赤米神事にもそれがうかがえる。

　古くから赤米神事に携わり、赤米を祭祀用として栽培し続け、それを保存・伝承してきたのが「頭（当）仲間」と呼ばれる信仰集団である。が、明治時代のはじめに「頭」は解散され、以来たびたびの変遷を経て、9戸の供僧と3戸の農家の12戸によって赤米神事が伝えられてきた。

　多久頭魂神社では、年に8回もの一連の赤米神事がある。新暦6月10日の「田植神事」、旧暦10月17日の「お吊りまし」、翌日の「初穂米」、旧暦12月18日の「口開き」、旧暦12月28日の「寺田様の餅搗き」、旧暦1月2日と5日の「ヨマイリ、潮あそび」、10日の「頭受け神事」、旧暦4月の田植え前45日に行なわれる「種おろし」に合わせてである。

　この一連の赤米神事のなかでもっとも重要とされるのが、赤米耕作当番の引き継ぎと赤米種籾の米俵（御神体）の引き渡しを行なう「頭受け神事」である。夜10時に、御神体を迎える使者が受け頭の家を出発して晴れ頭（本頭）の家に行き、米俵を申し受ける。午前2時になると、天井に吊るされた米俵が下ろされ、担ぎ役が背負って、晴れ頭を先頭に行列が出発する。行列につく者も見送る者も終始無言。そのなかで、古式にのっとり歌口が祝い歌を朗々と歌いあげる。

　受け頭の家では、外で土下座したまま拍手をして、御神体を迎える。そして、米俵は、本座の天井に吊るされる。その後、参拝者が順に柏手を打って拝む。午前3時ごろから直会となり、夜明けまで続くのである。

　なお、「お吊りまし」は、多久頭魂神社境内にある神田から収穫した赤

米を新しい俵につめて、その年の頭役の家の本座の天井に吊るし、神霊を招き入れて御神体を定める行事である。この米俵が頭受け神事で受け当の家に還座されるのだ。また、お吊りましの翌日には、神米（赤米）を炊いて神前に供え、村中が多久頭魂神社に参拝して「初穂朱」まつりが執り行なわれる。

こうした赤米神事がいまなお連綿と受け継がれているのは、赤米を古来の神霊として敬い、次代に継いでいこうとする深い信仰に支えられた「頭仲間」の結束があってこそのことであろう。

ハレの日の食事

正月には出世魚で知られるブリが欠かせない。かつては、五島列島の沖で獲れたブリが塩ブリとして正月の雑煮用に贈答された。また、正月にイワシを食べると金が廻るといわれ、必ず用意された。

大村地方では、「大村ずし」（魚介や野菜の押しずし）がまつりや祝いの席に欠かせない。もともとは、室町時代の後期、藩主大村純伊の時代に、飯の上に魚介類（タイ・アジ・ヒラメ・アナゴ・エビなど）と野菜類（ニンジン・ゴボウ・タケノコ・フキ・シイタケなど）の具をのせたものを、戦さの場で兵士たちが脇差しで四角に切りながら食べた、という。それがのちに押しずしとなった、と伝わる。

五島列島では、正月のごちそうとして「かんころ餅」が伝わる。これは、ゆでたサツマイモを輪切りにして乾燥させたもの（かんころ）を粉にして餅と搗きあわせたものである。

寺社信仰

諏訪神社（長崎くんち）

寺社信仰の特色

長崎県は朝鮮・中国・欧州との交通の要衝であり、寺社信仰も外国との緊張を昔から反映してきた。県内には式内社が54社も存在したが、うち29社は対馬、24社は壱岐、1社が平戸で、すべて島嶼部に鎮座した。

大陸への最前線である対馬には、名神大社の和多都美神社や住吉神社など海神が多く祀られ、峰町木坂の海神神社は対馬一宮とされ、豊玉町仁位の和多都美神社とともに名神大社に比定され、巫女舞の〈命婦の舞〉‡を伝承している。美津島町の梅林寺は、538年に日本へ仏教を伝えた百済の使節が設けた仮堂に始まると伝え、日本最古の寺と称される。

壱岐にも対馬と同じく6社の名神大社が鎮座し、そのうちの天手長男神社とされる芦辺町の興（印鑰）神社と郷ノ浦町の天手長男神社（若宮）は、ともに壱岐一宮ともされてきた。

肥前国の寺社信仰は佐賀県側で盛んであるが、肥国（火国）の命名は長崎県の雲仙岳（高来峰）と熊本県の阿蘇山によると思われる。国特別名勝「温泉岳」としても有名な島原半島の雲仙岳は、普賢岳など三峰五岳から成り、満明寺と四面宮を中心とする修験道場として栄えた。

16世紀後半、県内にはキリスト教が普及し、寺社の多くが解体され、その木材や石材は天主堂（教会堂）やセミナリオの建立に充てられ、神仏像はほとんどが焼却された。

17世紀に入るとキリスト教は弾圧され、寺社信仰は寺請制度の展開とともに再び普及した。後に黄檗宗の拠点となる長崎三福寺も、唐人（華僑）の寺請で創建されたものである。今も続く長崎の正月恒例行事「七高山巡り」も寺社信仰の復活を背景に創出されたものであろう。

一方、キリスト教徒は弾圧から逃れるべく潜伏し、独特の〈長崎「かくれキリシタン」習俗〉‡を発展させ、聖母子像などを納戸神として、中国製慈母観音像などを聖母マリアとして祀ったのである。

凡例　†：国指定の重要無形／有形民俗文化財、‡：登録有形民俗文化財と記録作成等の措置を講ずべき無形の民俗文化財。また巡礼の霊場（札所）となっている場合は算用数字を用いて略記した

主な寺社信仰

海神神社(かいじん)　対馬市峰町木坂。伊豆山(いづやま)の麓、伊豆原(いづはら)に鎮座。名神大社和多都美神社(かみあがた)(さご)の論社で、初め上県の佐護に出現し、伊奈崎(いなさき)へ移り、清水を得るため当地へ移ったと伝える。その後、神功皇后(じんぐう)が三韓征伐の帰途に、新羅(しらぎ)を鎮めた証として八旒(流)(はちりゅう)の旗を納め、八幡神(はちまんしん)を祀ったという。上津八幡宮(かみつはちまんぐう)や八幡本宮と称され、対馬一宮と崇められた。神体は8世紀に新羅でつくられた銅造如来立像(国重文)とみられている。1870年に和多都美神社と改称、翌年に祭神を豊玉姫命(とよたまひめのみこと)に変え現称とした。境内には天道神(てんどうしん)を祀る摂社(せっしゃ)があり、旧暦6月初午日には〈木坂・青海(とうみ)のヤクマ〉‡での参拝がある。祭主の当前らが参拝する間、木坂は御前浜、青木は下ノ浜で円錐形(えんすいけい)に石を積み、ヤクマの塔を築いて子どもの無事成長を祈る。昔、当地は麦が主食で、麦の収穫に感謝して、麦の甘酒や団子を塔に供えた。

多久頭魂神社(たくつたま)　対馬市厳原町豆酘(いづはらまちつつ)。北東にそびえる竜良山(たてらやま)(天道山)(てんどうさん)の遥拝所(ようはいじょ)で、豆酘寺観音堂(あまてらすおおみかみ)が前身といわれ、山中の天童法師塔(てんどうほうしとう)とともに恐ろし所と称される。当初は多久都神(たくつのかみ)を祀ったとされ、現在は天照大神など5柱を祀る。昔は若い男女が着飾って大人入りする対馬六観音参りで賑わった。境内には寺田(てらだ)とよばれる水田があり、稲の原生種である赤米(あかごめ)が栽培され、〈豆酘の赤米行事〉‡の核となっている。秋に収穫された米は俵に詰められ、旧暦10月17日に頭主宅(とうしゅ)に祀られ、翌日、村中が当社へ参拝して例大祭を営む。赤米神事は本来は境内にある名神大社高御魂神社(たかみたま)の祭であった。豆酘では新年を迎えると旧暦1月3日に雷神社(嶽之大明神)(いかづち)でサンゾーロー祭を営み、〈対馬の亀卜習俗(きぼく)〉‡を行う。亀卜は亀の甲羅の罅(ひび)で吉凶を占う古代の秘儀で、現在日本では当地にしか伝承されていない。

聖母宮(しょうもぐう)　壱岐市勝本町勝本浦(かつもとちょうかつもとうら)。文永の役(ぶんえい)(えき)で元の軍が上陸した馬場先(ばばさき)に鎮座し、本殿は朝鮮半島を向く。壱岐七社の一つで、壱岐郡(いきななしゃ)を管領した名神大社中津神社の後身と考えられている。神功皇后が三韓征(さんかんせい)伐の行宮(あんぐう)を建て、異敵の首十万余を埋めた上に御殿を築いたのが始まりと伝え、異国降伏の守護神、香椎大明神(かしい)、聖母大菩薩(しょうも)、風本宮(かざもとぐう)、壱岐二宮と崇められ、現在は皇后(息長足姫尊)(おきながたらしひめのみこと)・仲哀天皇(足仲彦尊)(ちゅうあい)(たらしなかつひこのみこと)と住

118

吉大神などを祀っている。境内には皇后の馬が蹄跡を残したという馬蹄石もある。10月の大祭(風本祭)は市内最大の祭で、神輿が船で対岸の御仮堂へ渡り、14日に本浦と正村の2艘の御幸舟が還幸を迎える際に舟グロ競争をする。〈壱岐の船競漕行事〉‡の典型として有名で、赤の一ノ舟が勝てば来年は大漁で浦繁盛、白の二ノ舟が勝てば豊作で里繁盛と占う。

白沙八幡神社

壱岐市石田町筒城仲触。大神内山に鎮座。拝殿の中央に見える韓櫃石は地中から出ており、建替時に除こうとしたが、石から血が流れてきたので止めたという。社叢は長く禁足地であったため、かつて壱岐を覆っていた古代の照葉樹林がよく残されている。玉依姫命を祀った筒城宮が始まりと伝え、式内社の海神社に比定される。後に豊前国宇佐神宮から八幡神を勧請したといわれ、社殿は宇佐の方角を向いている。筒城庄は昔、宇佐弥勒寺領であった。住吉神社や聖母宮とともに壱岐七社に数えられ、七社巡りと称する島内外からの参拝者が今も多い。旧藩時代は例祭に直参(国主の名代の参詣)があった。例祭は11月15日で、神幸の後に〈壱岐神楽〉†の奉納がある。壱岐神楽は〈平戸神楽〉†のもととなった古い神楽で、娯楽芸能的な側面が少なく、神祭の色彩が強い。

亀岡神社

平戸市岩の上町。1880年、平戸城跡に鎮座。霊椿山・七郎・八幡・乙宮の4社を合祀し、平戸の産土神とされた。平戸藩主松浦氏の祖である源久や、三韓征伐で十城別王(志々伎神)に従って活躍した七郎氏広と鴨一隼の兄弟らを祀る。明治百年記念に平戸藩主松浦静山(『甲子夜話』の著者)の娘で明治天皇の祖母となった中山愛子の石像を境内に建立した。例大祭の平戸くんちは10月で、大大神楽、ジャ踊り、獅子舞などが奉納される。大大神楽は壱岐の惣神主が伝え、橘三喜(『諸国一宮巡詣記』の著者)が改訂増補して基礎を固めた〈平戸神楽〉†全24番である。8月18日には、平戸9地区の〈平戸のジャンガラ〉†を締め括る戸石川地区の自safe和楽が当社を出発し、鉦をジャン、腰鼓をグラワと鳴らしながら、「穂長、穂実出て」の掛け声とともに区内約100か所を巡る。

吉田大明神

佐世保市吉井町上吉田。国名勝「平戸領地方八奇勝(平戸八景)」の一つ「石橋」で有名な御橋観音のある牧ノ岳と、佐々川を挟んで対峙する五蔵岳の北西麓、通称「水の元」とよばれる

Ⅲ 営みの文化編

水源地に鎮座。社叢は県天然記念物で、いろは紅葉(もみじ)の巨木が4本も揃っている。地区の氏神として崇められ、12月10日には拝殿で1年の収穫を感謝する霜月祭（おかんまつり）が営まれ、神事の後、その年の祭当番（施主(しゅ)）の家を宿として「お蔵入れ」が行われる。手杵や粢を包んだ筵に縄を取り付け、男女に分かれて引き合う綱引きで、土間側から引く男組は居間側から引く女組に必ず負けなくてはならない。同市江迎(えむかえ)町中尾(なかお)で10月28日に行われる「きねかけ祭」などとともに〈北松浦の収穫儀礼〉‡とよばれている。

白浜神社(しらはまじんじゃ)

五島市向町(ごとうしむかえちょう)。崎山(さきやま)の港近くで田心姫命(たごりひめのみこと)外2柱を祀り、小正月の奇祭〈下崎山(しもさきやま)のヘトマト行事〉†で知られる。ヘトマトは境内での奉納相撲を前座とし、旗持(はたもち)による閻魔御幣(えんまごへい)の道行(みちゆ)きから始まる。御幣は町内の曹洞宗大通寺（五島88-37）から下され、山内家が世襲で奉持する。御幣が白浜海岸の辻に置かれた大草履(わらじ)の先に立てられると、着飾った新嫁2人が酒樽(さかだる)に乗って羽根突きを行う。続いて顔に竈黒(へぐら)を塗った男衆が登場し、海岸で藁の大玉を奪い合う玉蹴りを行い、路上で豊作と大漁を占う綱引きを三度行う。最後に長さ3m、重さ350kgの大草履を担ぎ、山の神を祀る山城神社(やましろじんじゃ)へと巡行するが、道中次々と娘を捕えては草鞋に乗せて胴上げを行う。当地には複数の行事を一度に行う風があり、2月の春祭でも初宮参り・七五三・厄払い・還暦・米寿の宮参りが一度に行われる。

玖嶋稲荷神社(くしまいなりじんじゃ)

大村市玖島(おおむらしくしま)。大村藩玖島城跡、大村神社の境内に鎮座(すみこ)。1480年、大村純伊が大村を奪還した際、領内の守護神として伏見稲荷(ふしみいなり)の分霊を創祀したと伝える。純伊の帰城を祝って領民が創作したのが、モロ蓋(ぶた)を利用した郷土料理の大村寿司(おおむらずし)と、〈大村の郡三踊(こおりさんおどり)（寿古踊(すこおどり)・沖田踊(おきたおどり)・黒丸踊(くろまるおどり)）〉†であるという。三踊は以後8年目ごとに城内で披露されたと伝え、現在も玖島城跡に建つホールにておおむら秋まつりの際に各踊が輪番で出演している。大村神社は1805年、藩主の大村純昌(すみよし)が祖先の藤原純友らを御霊宮大明神(ごりょうぐう)として池田山(いけだやま)に祀ったのが始まりで、1870年に常盤(ときわ)神社と改称し、1884年に当地へ遷座して現称に改めたという。1908年、当社も三城(さんじょう)城跡から当地へと遷された。境内には名桜中の名桜と称され、国天然記念物にも指定された貴種(きしゅ)オオムラザクラもある。

諏訪神社

長崎市上西山町。長崎の総鎮守・産土神で、県内最多の参拝者を集め、鎮西大社と称される。風頭山の西麓に諏訪神を創祀し、キリスト教徒によって破壊されたのを、唐津の修験者金重院こと青木賢清が住吉神社と森崎神社を合祀して1625年に円山へ再興したという。1651年、現在地へ遷座した。境内には珍しい狛犬がいろいろあり、止め事成就狛犬は足に紙縒りを巻いて、河伯狛犬は頭の皿に水を掛けて祈るという。10月の例祭には〈長崎くんちの奉納踊〉†がある。7日に本社から御旅所へ3基の神輿渡御があり、9日に還幸となる。この間、本社・御旅所・伊勢宮・八坂神社などで、〈竜踊〉‡・鯨の潮吹き・川船・コッコデショ(太鼓山)など、神賑いの風流が上演される。同市伊良林の若宮稲荷神社に伝わる〈竹ん芸〉‡も19世紀前半から例祭に奉納されていた。

熊野神社

長崎市野母町。野母港近くの小山の頂に伊邪那美命を祀る。参道入り口には塞神神社がある。昔、紀伊国熊野の漁師夫婦が当地へ漂着し、命が助かったのは熊野権現の御蔭として祠を建てて祀ったのが始まりという。夫は熊野へ帰ってしまうが、妻は当地へ残って無人の野を拓き、村を築いたので、後に村人が村の母の功績を伝えるため村を「野母」と名付け、霊を慰めるために〈野母の盆踊〉‡を始めたという。現在も盆踊は野母浦祭として8月13日に、龍神・恵比須神社を祀る海上の浦祭りとともに営まれ、当社のほか、真宗大谷派無量山海蔵寺などに、鉾舞・モッセー・中老・トノギャンの踊を催馬楽の歌にのせて奉納する。旧暦9月16日・17日には権現山で伊邪那岐命を祀る日山神社とともに例祭を営む。

慶巌寺

諫早市城見町。浄土宗。本尊は阿弥陀如来。常楽山九品院と号す。本明川沿いの断崖上に建ち、参道の崖面には三十三観音磨崖仏がある。16世紀末に筑前博多西方寺住の済蓮社九誉上人礫道が同市原口町泉野に開いた常楽寺が始まりで、1605年に2代諫早領主直孝の室、松壽院浩誉慶巌大姉の願いで当地へ移し、領主の霊屋(廟所)を設け現名に改めたと伝える。江戸芝増上寺末で、肥前国浄土宗僧侶養成道場として多くの人材を輩出、「六段の調べ」を創作した城秀(八橋検校)は当住4代の玄恕に師事したという。境内には諫江88-15や〈慶巌寺の名号石〉がある。名号石は中央に「南無阿弥陀佛」と薬研彫りした県下に類例がないもので、もとは橋石に使われていたが、夜ごと怪光を発し

Ⅲ　営みの文化編

たため当寺へ移して供養したという。足利直冬の勢力が用いた「貞和七年」銘を刻んでいる。

霊丘神社

島原市弁天町。1638年、島原城主の高力忠房が東照大権現（徳川家康）を勧請したのが始まりと伝える。徳川3代将軍家光は島原の乱が終結すると、荒廃した島原を復興するため、篤く信頼していた忠房を派遣した。忠房は民心の安寧を願い社寺の再建にも努めたという。1883年、島原藩主深溝松平家7代の霊を合祀して現称に改めた。昔「権現山」とよばれた境内は、今は霊丘公園として整備され、社頭に島原鉄道の本社がある関係からC1201蒸気機関車も奉納されている。8月の盆には境内で精霊船の勇壮な練りが行われ、無数の明かりを灯した大きな船が所狭しと駆け回る。〈島原の精霊流しと切子燈篭〉は、藁と竹と荒縄で船を造り、独特の切子灯篭をたくさん吊るし、故人の霊を乗せ、ナマイドー（南無阿弥陀仏）の掛け声とともに家族らが担いで練り歩き、最後は有明海に流す行事である。

伝統工芸

三川内焼

地域の特性

　九州の西北部の長崎県は、北海道に次いで長い海岸線に囲まれた半島にある。半島の海岸には、入り江や、湾、岬が複雑に入り組み、中央部に標高1300mを超える雲仙岳などの山々がそびえる。海上には、壱岐、対馬や五島列島などの島々がある。

　長崎県は、古代から朝鮮や中国、南方の国々との交流がある。壱岐は、『魏志倭人伝』の一支国ではないかともいわれている。対馬は、朝鮮半島まで約50kmの位置にある国境の島として、常に海外と接し、文化、経済の交わる場であった。7世紀の遣隋使は、対馬を経由して大陸へわたった。12世紀頃からは、宗氏が勢力を伸ばし、13世紀の元寇や、16世紀の豊臣秀吉の朝鮮出兵などにおいて、戦闘と外交の実力を示した。江戸時代には、徳川幕府から対馬府中藩主に封じられ、朝鮮貿易の認可を受けた。

　平戸の強力な水軍を率いる松浦氏は、16世紀に朝鮮から連れてきた陶工に窯を開かせ、江戸時代には藩の御用窯とした。大村藩では、大村氏が連れてきた陶工が、波佐見村に窯を開いた。

　日本が鎖国の江戸時代においても、平戸・長崎は西洋の窓口となり、島原半島にはキリシタン文化がもたらされた。長崎県は、海に囲まれ、海外の文化が伝わってくる土地ならではの形や色彩が伝統工芸に盛り込まれている地域である。

伝統工芸の特徴とその由来

　長崎県には、国の伝統的工芸品、三川内焼や波佐見焼、長崎べっ甲のほかにも歴史のある伝統工芸がある。

　壱岐には、昔話にちなむ壱州鬼凧がある。昔々、壱岐に鬼がおり、鬼と戦った若武者が鬼の大将の首を斬ると、首は飛び上がり若武者の兜に嚙み

Ⅲ　営みの文化編

ついたまま亡びたという。凧には鬼に嚙まれた武者が描かれている。

　五島列島の福江島には、初節句に掲げる「ばらもん凧」がある。「ばらもん」は、「ばらか」(活発で元気がよいの意)からきたといわれている。

　長崎では凧のことを「ハタ」という。「長崎凧」は、江戸時代、出島オランダ商館のインドネシア人が伝えたともいわれ、あげるだけでなく、ガラスの粉を麻糸に塗りつけたビードロヨマ(糸)をほかのハタと掛け合って、相手のハタを切るところに妙味がある。

　佐世保には、長く回すことに加えて、相手の独楽にぶつけて強さを競う「佐世保独楽」がある。ラッキョウ型の形は台湾、インドの系統のもので、南方から中国を経て長崎へ渡来したといわれている。

　伝統工芸の名称や、意匠などに異国情緒が漂うところに、この地域の特徴がうかがえる。

知っておきたい主な伝統工芸品

波佐見焼(東彼杵郡波佐見町)

　波佐見焼は、透けるような白磁の美しさと、呉須(磁器の染付けに用いる鉱物質(青藍色)の顔料)で絵付けされた染付の繊細さが特徴。時代の変化に合わせて改良し、庶民の器として現代まで受け継がれている。

　1599(慶長4)年、肥前大村藩主大村喜前が朝鮮出兵より連れ帰った李朝の陶工が、波佐見村に連房式階段状の登り窯を築いたのが発祥とされる。当初は施釉陶器を生産していたが、その後、村内で磁器の原料が発見され、次第に染付と青磁を中心とする磁器に移行する。後に波佐見焼は大村藩の特産品となり、江戸時代後期には染付の生産量が日本一になる。中でも唐草模様を筆で簡単に描いた器は「くらわんか碗」と呼ばれ、厚手で壊れにくい素朴な製品で、波佐見焼の代表になる。この名前は、大阪摂津の淀川沿いの船に小舟で近付き「餅くらわんか、酒くらわんか」と言って売った言葉から名付けられた。当時、磁器碗は高級なもので庶民には手が届かなかったが、手頃な値段で売られたので、多くの庶民の人気を得た。これ以降も茶碗や皿、徳利など日常食器を多く生産し、伊万里商人によって江戸、大阪方面に売り出されて広く普及し、日本の食文化の発展に貢献した。

　また、オランダ貿易の最盛期、1650(慶安3)年頃〜明治時代末期頃まで、酒や醬油などの輸出用容器として、染付白磁の燗付き徳利に似た「コンプ

ラ瓶」が盛んに利用されていた。別名「蘭瓶」とも呼ばれ、仲買商人の「金富良商社」によって輸出されたので、その名がついた。ロシアの文豪レフ・トルストイが書斎の一輪挿しにして愛用していたとか、フランスの皇帝ルイ14世も愛用していたともいわれる。

三川内焼 (佐世保市)

三川内焼の特徴は、江戸時代に平戸藩が、出島を通じて輸出用に開発させた王侯貴族向けの高級品の伝統が受け継がれていることである。

例えば、薄手のコーヒー茶碗用などに開発された、卵殻手といわれるきわめて薄手の磁器がある。日にかざすと柔らかい光が差してくるほど薄い磁肌に、繊細な絵付けが映える上品な逸品である。香炉などには、精巧な透かし彫りをほどこしたものがある。また、マツの木の下で、中国の子どもたちが、唐扇をもってボタンに飛ぶチョウと戯れる「唐子絵」は、三川内焼の代表的な格式のある絵付けである。

三川内焼は、豊臣秀吉の朝鮮出兵の際に、朝鮮から連れて来られた陶工たちによって始められた。その中の一人の陶工、高麗媼（中里媼）は、肥前唐津（佐賀県）に来て中里茂兵衛に嫁いだ。夫と死別後、1622（元和8）年に三川内に窯を開き、息子を含む多くの陶工を指導し、技術と経営の両面で窯業の基盤をつくった。

また、巨関は、松浦氏の命で肥前松浦郡中野村（現・長崎県平戸市）に窯を開き、今村弥次兵衛（初代）の名をもった。その後、陶土を探して三川内に至り、息子とともに高麗媼の協力を得て三川内で窯をもった。

初期の三川内焼は、唐津焼と同様陶器であったが、三川内の陶石や肥後（熊本県）の天草陶石を用いることにより、磁器を制作するようになる。平戸藩は、これを御用窯として献上品にふさわしい作品をつくらせるようになった。

明治時代以降、藩の後援を失い、一時は衰退を余儀なくされたが、1899（明治32）年に意匠伝習所を設立して、後継者を育成、復活を果たした。

長崎べっ甲 (長崎市)

長崎べっ甲は、赤道付近に生息する海ガメの一種「タイマイ」の甲羅を用いた長崎の特産品である。宝船やヨットなど大型の置物や、ネクタイピン、ネックレスなどの装飾品、眼鏡の弦など製品は多種多様である。

いわゆるべっ甲色、柔らかい琥珀のような飴色に、黒褐色や斑点模様な

Ⅲ　営みの文化編

どの独特な色合いと、丸みを帯びた造形が特徴である。

　長崎でべっ甲細工づくりが始まったのは、17世紀以降、外国商船がタイマイを長崎にもち込むようになってからである。カメにあやかり、長寿を祝うめでたいべっ甲は、櫛、かんざしなどに細工され、大名や豪商の求めるものとなった。元禄年間（1688～1704年）の奢侈禁止令の対象とされる贅沢品であった。

　江戸時代後期、諸外国との開港条約が締結され、長崎への来航が盛んになると、海外向けの商品が開発され、特産品となった。タイマイの甲羅をカットし、継ぎ合わせ、糊を用いずに水と熱とで圧着し、彫刻を施して磨き、組み立てて製品とする。

　近年、ウミガメは絶滅の危機にあり、人工物での代用も難しいため、沖縄県の石垣島などでタイマイの養殖の研究が進められている。

　なお、汗や皮脂が付着したべっ甲を放置しておくと、艶が失われるので、表面を乾いた布で拭き、艶を保つとともに、曇ってきたら表面研磨ができることも知っておきたい。

古賀人形（長崎市）

　古賀人形は、京都の伏見人形、仙台の堤人形とともに日本三大土人形の一つである。粘土を代々受け継がれてきた型に入れて形をつくる。型から出して乾燥させ、窯入れする。焼き上がった人形に赤、白、黄、黒などの原色で衣装や顔を描き、鮮やかな郷土人形が産み出される。

　伝承によると1592（文禄元）年に、長崎街道古賀（現・長崎市中里町）の茶屋の3代目小川小三郎の代に、常陸之介と称する京都の土器師が日本漫遊の途中、1年余り滞在して小三郎につくり方を教えたという。当初は神仏用の器などをつくり、後に動物や人形をつくるようになった。江戸時代より現在は19代目となり、長崎県の伝統的工芸品に指定された。

　江戸時代にも海外の窓口であった長崎らしく、異国情緒を感じさせる品揃えが特徴である。例えば、中国人がニワトリを抱える「あちゃさん」や、カピタン（オランダ商館長）が銃をもち猟に出かける姿の「オランダさん」、商館長の夫人の「西洋婦人」などである。ほかに、雛人形、金太郎、馬乗猿に狆や黒猫など大小合わせて80種類に及ぶ。

対馬満山釣針（対馬市厳原町）

　対馬満山釣針は、幕末時代に開発された鋼鉄製で性能のよい手づくりの釣

針である。その開発に、藩の教育の歴史がかかわっている。

対馬藩3代藩主宗義真(そうよしざね)は、朝鮮貿易の収益を背景に税制改革や銀山経営などを進め、1685（貞享2）年、藩校「小学校」を開いた。また、外交の人材を求め、木下順庵の推薦により、近江国（滋賀県）出身の雨森芳洲(あめのもりほうしゅう)を得た。芳洲は、中国語、朝鮮語を習得し、朝鮮外交の実務に力を尽くす。相手国の文化、情勢をよく知り、嘘をつかず、喧嘩せず、事実に基づいて交渉する「誠信」外交により、数々の成果をあげた。

芳洲に学び「小学校」の教師となった満山雷夏(みつやまらいか)は、年長者用の学校の開校に尽力し、学長を務めた。雷夏の子の満山俊蔵(みつやましゅんぞう)が、1862（文久2）年に大砲方となり、西洋の技術を学び大砲を製作する。そして、砲身の鋳造(ちゅうぞう)術を地元の釣り針の製法に応用し、「伸びない、折れない、鋼鉄製の手づくりの釣針」を完成させた。これが対馬満山釣針である。

対馬満山釣針は、兵庫県小野市、高知県高知市、山口県沖家室島(おきかむろじま)と並ぶ優れた釣針の産地として、第二次世界大戦前までは、九州、瀬戸内海地方、北海道、さらには韓国、台湾まで販路を広げていた。現在は機械生産の釣針が主流であるが、伝統的な鋳造技術の意外な発祥には学ぶものがあると思われる。

若田石硯(わかたいしすずり)（対馬市）

若田石硯の特徴は、石のよさにある。墨の摩り心地がよく、自然石の美は目を楽しませる。黒い硯のほかに、黄脯硯(おうほけん)という紋様のあるものや、黄臕(おうひょう)と呼ばれる黄土色の石など珍しいものもある。

若田石硯の原石は、対馬南部の若田川畔にある。水中に溜まった泥が弱い熱変性を受けて固まり、板状に割れる泥岩である。基本的な色は青みを帯びた漆黒で、表面に斑紋や条線があり、中に化石が含まれていることもある。硯師は、原石を採掘し、割り、溝を掘り、磨き、漆を掛けて硯に仕上げる。

見た目も使い勝手もよいことが、儒者 林羅山により『霊寿硯記』（1644（正保元）年）に記されている。対馬国府中藩主宗義成(そうよしなり)の命を受けた羅山は、「若田川畔にて、手を加えずそのまま硯として使える自然石を採取。端渓（中国広東省の硯石）の美、羅紋（中国江西省の硯石）の美にも勝る。」と記述した。紫式部が、『源氏物語』を書く際に若田石硯を用いたという伝説もある。

民　話

地域の特徴

　長崎県は日本列島の最西端に位置する。北は対馬海峡西水道を隔てて韓国と対峙し、西側は五島列島が東シナ海をはさんで中国と相対している。この地理的特徴から、歴史的に海外との交流の窓口という役割を果たしてきた。日本と朝鮮半島、中国大陸とを結ぶ交通路となって、大陸文化の大半は、対馬、壱岐、平戸、五島の島々を経て伝来した。この地域に住む人々は海を隔てて存在する異民族、異文化と接触する機会が多く、それらを意識して生活してきた。こうした歴史的条件と海に囲まれた温暖な気候が重なって、住民の気風には排他性の少ない開放的な傾向が認められる。

　ヨーロッパの人々が渡来する時代にはキリスト教の布教があり、南蛮文化が展開される舞台となった。徳川幕府の鎖国政策後においても、西洋に開かれた日本唯一の貿易窓口となった。国宝大浦天主堂、二十六聖人殉教碑、浦上天主堂などといったキリスト教の史跡も多い。近世鎖国時代には、キリシタン禁令によって、多くのキリスト教信者が弾圧された凄惨な歴史ももっている。2018年に「長崎と天草地方の潜伏キリシタン関連遺産」が世界文化遺産に登録された。また、1945年に原子爆弾が投下された「長崎原爆遺跡」は2016年に国の史跡として登録されている。負の遺産を語り継ぎ、平和を発信する使命も担っている。

伝承と特徴

　長崎県の昔話記録として最も古いものは『吉野秀政説話集』で、『山口麻太郎著作集』に収録されている。吉野秀政（1711〜86）は壱岐の神職の家に生まれ、説話や郷土誌に関心を寄せ、山口麻太郎によれば600話の話を残していたという。近代以前に記録されたこともあり、資料の価値は高く貴重なものである。山口はそのうち169話を選び、『吉野秀政説話集』に載せた。

山口麻太郎は長崎県壱岐の農家に生まれ、母親からと、作男として同居していた当時16か17歳くらいの忠やんから昔話を聞いたという。それを中心に、1943（昭和18）年に三省堂から『壱岐島昔話集』を刊行する。同名の『壱岐島昔話集』が1935（昭和10）年に郷土研究所から刊行されていたが、それにその後採集した100余話や『吉野秀政説話集』から選んだものを加えて再構成したものである。山口は他にも『西海の伝説』を残している。関敬吾は長崎県南高来郡小浜町富津海の出身であり、「民俗学的研究の門出として」『島原半島民話集』を出版した。「昔話の古典」の一つともいうべき同書は1942（昭和17）年に『島原半島昔話集』と名称を変え、編成して再度刊行された。この内容は主に少年時代に母親タダシから聞いた昔話と、同じ村の田中長三から聞き書きした昔話の二つの系統から成っている。鈴木棠三は対馬で採集を行い、くったんじじい（栗田仙吉）から聞いた昔話集として『くったんじじいの話』を刊行している。

　島原半島における関敬吾、壱岐島における山口麻太郎、対馬における鈴木棠三の昔話採集は貴重な業績であった。また、長崎県は古くから中国や西欧の文化と接触し、キリシタン殉教の歴史をもつ。この特異な歴史と風土から生まれた民話も伝承されている。

おもな民話（昔話）

難題婿　ある所に長者があった。そこに「どもく」「ちびら」「ごもく」という三人の召使がいた。三人が集まって望み事をしていた。どもくは「小判ば皿一杯くれたら、俺は何もほか望まなか」、ちびらは「俺は米、米倉一杯くれたら、ほか望まなか」、ごもくは小さな声で「ここの娘の婿になれたら、もうその上望まなか」といった。

　翌日三人は主人に呼び出された。「どもく、おまえは小判ば皿いっぱい欲しかって言うたね」主人は小判を皿いっぱいくれた。次にちびらに「お前は米倉」と言って米倉をやった。最後にごもくの番になった。主人は「ごもく、お前は娘が望みだね」と言い、歌の下の句が詠めたら娘の婿にしてやろうといって短冊をくれた。短冊には「須弥山の山より高き桜花」と書いてあった。ごもくは一生懸命考えて、「散ればごもくの下となりけり」と詠んだ。ごもくは望み通り長者の一人婿になった（『島原半島昔話集』）。

　『日本昔話名彙』の「幸福なる婚姻」に収められる「山田白瀧」という

話型である。「大きな望みも智恵の力でかなえられる」というメッセージが、自由な商いで栄えていた長崎のイメージと重なる。

食わず女房

ある所に、大工があった。飯を食べない嫁をもらおうと神様に願をかけた。すると、「朝早くここに来たら、飯を食べない嫁を置いておく」という神様のお告げがあった。お告げ通り飯を食べない女がいて、家に連れて帰った。ある日大工は山に行くと嘘を言って家を出て、裏からのぞいてみた。女は大きな鍋に飯を炊いて、握り飯にして、肩の辺にある口の中に投げ込んで食べていた。大工は嫁を離縁した。すると嫁は醤油桶を作るように頼むので、大工は大きな醤油桶を作った。女は「漏らないかどうか見てくれ」という。大工が桶の中へ入ると、嫁は上から蓋をして、それを下げたまま天へ行った。大工は持っていた金槌で桶をたたいて壊し、外へ出た。そうして蓬や萱の生えたところに落ちた。すると天から「人間くさい」という声が聞こえたが、大工は蓬や萱のおかげで命が助かって家に帰った（『くったんじじいの話』）。

全国で伝承されている昔話「食わず女房」であるが、神様のお告げから始まり、終わりは「天に行く」というスケールの大きなところが特徴的といえる。

蛇女房

深江村に母と二人暮らしの若い医者があった。娘が嫁にきて子供が生まれた。ある日、母が部屋を見ると、部屋の真ん中で子供を巻いた大きな白蛇が、鼾をかいて昼寝をしていた。夫婦は離別することになる。女は普賢岳の池に棲む蛇で、海辺で子供たちになぶられていたところを医者に助けられ、恩に報いるため女に化けて来たという。乳母も見つからずに困って、医者が普賢の池に子供を連れて行くと、女が出て来て眼の玉を一つくり抜いて渡した。この玉を子供にやると乳が出てきて喜んで舐めた。ところが帰る途中、大事な蛇の眼玉を奪い取られてしまう。子供が泣いて仕方ないので、再び普賢の池に行った。片目の女が現れて、もう片方の眼をやると私は盲目になってしまうが、子供のためなら仕方ないと、残りの片目をくり抜いて渡した。医者は帰る途中でまた玉を奪い取られてしまう。女の怒りは非常なものであった。それから普賢岳の地震があったのだそうである（『島原半島昔話集』）。

蛇による洪水で語られる地域もあるが、この地域では、普賢岳の噴火、寛政の大地震、島原の大地震などと結合し伝説化し語られている。

「きんぷくりん」と「かんぷくりん」

名のわからない美しい魚が取れて殿様に献上された。名を知っている者はいないかと探すと、一人の物知りが現れて、「きんぷくりん」と答えた。殿様は「きんぷくりん」を乾して保存しておいた。その後、物知りはこの魚を「かんぷくりん」と呼んだ。それが殿様の耳に入って物知りは捕えられ、人を騙したといって打ち首の刑を言い渡される。

物知りは最後に息子に一目会わせてくれと頼み、息子に「命が惜しかったら、烏賊(いか)の干したのをスルメと言ってはならない」と言った。殿様はその意味を尋ねた。「私は『きんぷくりん』の干したのを『かんぷくりん』と申して打ち首になりました。スルメは烏賊の干したものでござる、烏賊の干したのをスルメと申しましても、やはり打ち首だと考えます」と言った。殿様は感心して打ち首は取りやめになった(『全国昔話資料集成21 島原半島昔話集』)。

青森から鹿児島まで広く分布し、「てれすこ」と「すてれこ」、「ぶくらくぐん」と「じぐらぐじん」など魚の名前はさまざまである。『醒睡笑』では魚の名が「ほほらほ」と「くくらく」と伝えられている。

おもな民話(伝説)

長崎の魚石

長崎の役人の話。紅毛人(こうもうじん)が一人訪ねて来て、厠(かわや)のあたりの石に目を留め、三年後また来る時にこれを買いたいと言って金五両を置いて行った。役人は不思議に思いながら、石を割って調べた。すると赤い色の魚が出てきた。ちょうどそこへ紅毛人が来て、割ってしまったことを嘆いた。わけを聞くと、この石を磨くと魚がいるのが透けて見えるようになり、魚が悠々と泳ぐ姿を眺めていると自然とのびやかな気持ちになり、不老長寿を得るということであった(『長安の春』)。

交易の地の長崎らしい話である。石田幹之助は『長安の春』で、この話が「胡商求宝譚」として中国で広い範囲に分布していることを示し、日本に伝わるものはこの換骨奪胎(かんこつだったい)であると指摘している。一方、柳田國男『日本昔話　上』(1930年)にも「長崎の魚石」がある。

水蜘蛛

箱崎村鱸淵(すずきぶち)の水上に赤淵という所があった。二人の男がまぐさを刈って、そのあと川辺の木陰に涼んでいた。一人の男が眠くなってまどろんだ。すると蜘蛛がやってきて、まどろんでいる男の足の

Ⅲ　営みの文化編

親指に糸を巻き付け、川の中へ這っていった。目を覚ましていたもう一人の男は不思議に思って、蜘蛛がかけた糸をまどろんでいる男の足からはずし、その糸を傍にあった木の根っこにかけて、様子を見ていた。蜘蛛は川の中に入った。すると、大きな音をたてて糸をかけた木の根っこが水の中に引き抜かれていった。その音に眠っていた男も目を覚まし、二人は大急ぎで逃げ去った(「吉野秀政説話集」『山口麻太郎著作集1　説話篇』)。

皿川にもこのようなことがあったらしい。信じられないことであるが、古老から伝えられた話である。水蜘蛛の伝承は「賢こ淵」の名で広く伝承されているが、この話は吉野秀政の記録による。『今昔物語』(巻23-22)『宇治拾遺物語』(177　巻第14-3)の内容は、水蜘蛛ではなく蛇であるがほぼ同一である。

鯖腐れ石　浦上より時津に行く路の側にある巌。円筒形の巨巌が山腹に立ち、街道からこれを仰げば今にも落ちはしないかと思われる。昔、ある魚売りがここを通りかかり、巌を仰ぎ見て立ち止まり、「あの石は落ちるであろう。落下するのを待って通過しよう」と、今か今かとひねもす待っていたが、そのうちに荷っていた鯖は腐れてしまったという。異名を「鯖くさらかし」という。蜀山人こと大田南畝の詠んだ歌「岩かどに立ちぬる石を見つつをれば　になへる魚もさはくちぬべし」(『長崎県郷土誌』)。

この話は「鯖大師」の伝説として、他の県にもある。現在時津町では「どがんしても落ちない岩」を「合格祈岩」として町おこしに活用しようという取り組みが行われている。

おもな民話(世間話)

幽霊井戸　長崎市麹屋町に飴屋があった。ある夜、女が「飴を一文ください」と言って一文銭を差し出した。その後も毎夜のようにきまった時刻になると女はやってきた。不思議に思ってあとをつけると、女は伊良林町光源寺の門前で姿を消した。あたりを見回すと墓場から赤ん坊の泣き声が聞こえてきた。寺に駆け込み、墓を掘り起こしたところ、埋葬したばかりの亡くなった女から赤ん坊が生まれていたという。

そのころ麹屋町は水に不自由していたが、ある夜飴屋の主人の枕辺に幽霊が立ち現れ「お礼に水を出してあげましょう」と約束した。こうして湧

き出たのが麹屋町の幽霊井戸だと伝えている(『長崎市制六十五年史後編』)。
　取り出された赤子が成長して名僧となり、通玄（通幻）和尚、あるいは頭白（ずはく）上人と語られるものもあり、この伝播には仏教や飴屋の関与が関わるといわれる。

南蛮幽霊井戸

　キリシタン禁令で、サン・ジュアン・バプチタ寺も焼き払われた。神父や信者は寺の井戸に身を投げた。その跡に建てられたのが今の本蓮寺である。その後井戸の傍の部屋では、眠っている間に向きが変えられる不思議が起こり、「寝返りの間」と呼ばれた。部屋の入り口には杉の板戸があり、キリシタンの老人の絵が描かれていて、南蛮杉戸と呼ばれていた。
　ある日、日親という僧侶が「寝返りの間」の評判を聞いてやってきた。短刀を懐に忍ばせて寝ていると、人の足音が聞こえる。起き上がって見ると、南蛮杉戸に描かれている老人が抜け出してこちらに歩いてくる。目が異様に光っているので、日親はおどりかかって短刀でその目をくり抜いた。その場で老人は歩みを止めたが、日親もその場に倒れた。翌日から日親はうなされ、やがて亡くなった（『西海の伝説』）。
　南蛮杉戸は原爆で焼失してしまったが、南蛮井戸は復元されている。

中江ノ島の御水

　平戸の生月島ではほとんど全島がキリシタンになったが、秀吉の禁令後、信者たちは次々に捕らえられた。生月島の東側に浮かぶ無人の小島・中江ノ島には殉教した3名を祀るといわれている祠がある。ジュワンという洗礼名の殉教者が出たことから中江ノ島は「サンジュワン様」と呼ばれる。
　島には御水を取る場所があり、どんな日照りの時にもオラショを唱えると、岩の間から水が涙のようににじみ出てくるという。この御水はいつまで置いても腐らぬ、とか知らぬ間に徳利の中でその量が増していたなど、数々の不思議な話がまといついている（『長崎県のカクレキリシタン』）。
　キリシタン禁令下で、教会も宣教師も不在の中において隠された信仰と共に伝わる話である。

Ⅲ　営みの文化編

磯女

地域の特徴

　長崎県は、地形からみると、平坦地に乏しく、山岳や丘陵が多くて起伏が激しいという特徴がある。また、多くの半島や岬、湾、入り江があるため、海岸線の長さは北海道に次いで全国第2位となっている。さらに、長崎県には、無人島を含めると971の島々があり（外周100m以上のもの。有人島は72）、この数は全国第1位である。

　長崎県の特徴を歴史からみた場合、何といっても安土桃山時代から明治時代の初頭まで日本の国際交流の拠点であったことがあげられるだろう。江戸幕府の鎖国政策の一環として1634（寛永11）年から2年かけてつくられた出島では、最初にポルトガル、続いてオランダとの貿易が行われた。また、江戸幕府は1635（寛永12）年に中国商船の入港も長崎のみとし、1689（元禄2）年には中国人居住地区として唐人屋敷を建設した。長崎県下では他に対馬経由で朝鮮通信使が来朝していた。幕末（1854〔安政元〕年）には長崎港が国際開港され、1870（明治3）年に外国人居留地が造成された。

　さらに、支配体制でいうと、長崎県は江戸時代、幕府直轄地である天領と、佐賀藩、大村藩、島原藩、平戸藩、平戸新田藩、福江藩、富江藩、対馬府中藩に分かれていた。入り組んだ地形と異なる支配体制から、それぞれが独自性に富んでおり、それが現在まで引き継がれているところがある。

伝承の特徴

　地域の特徴で述べたとおり、長崎県は日本一島が多く、海岸線も長い。したがって、生業や交通に船を利用するものも多かった。こうしたことから、海に関する妖怪伝承が比較的多いことが特徴の一つとしてあげられる。磯に日常的に通う姿がよくわかる「おと女の火」、竜宮信仰の厚さがうかがえる「禿童（はぎわら）」、九州各地に伝わる「磯女」や、より広い範囲に伝承されている「船幽霊」なども残っている。また、山がちな地形で動物も多

く生息していることから、狐や狸、蛇、ネズミ、狼、猿、鳥などに関するさまざまな話が伝えられている。

加えて、全国的によく知られる妖怪譚も数多く伝わっている。ここでは地域色豊かなかたちで残っている「河童」や「子育て幽霊（飴買い幽霊）」「巨人伝承」を紹介したい。

さらに、「妖怪」という分類とは少しずれるかもしれないが、唐人の幽霊譚やキリシタンにまつわる怪異譚のような国際色豊かな伝承が伝わっているところが、長崎県ならではといったところだろう。

主な妖怪たち

磯女（いそおんな）／海姫様　磯女に関する伝承は、長崎県各地に残っている。内容はさまざまで、「磯女は胸から上が人間で、下の方は幽霊のような姿をしていて船を襲う」（宇久町（現・佐世保市）、『旅と伝説』5-8）、「唐見崎で磯女、前方で海姫様とよばれているのはほとんど同じものであり、正体は水死者である。凪（なぎ）の日に女の姿で現れて、海の中にある自分の魂を陸に帰してくれるよう船頭に頼む」（小値賀町、『常民』2）、「漁をしてはならない（すれば恐ろしい祟りがある）とされている日に、一人の男が漁に出た。結果はかつてないほど大漁だった。男が帰ろうとしたところ、恐ろしく鋭い叫び声がして、風もないのに男が持っていたたいまつの火が消えた。さらに闇の中から何ものかが近づいてくる気配がして、風習に背いたことをなじり、男の顔を殴りつけた。男は逃げ帰ったものの、そのまま床につき死んでしまった。これを俗に磯女の祟りという」（有明海・千々岩海沿岸、『旅と伝説』1-8）といった具合である。漁業を生業とする人々が、海上でさまざまな怪異と向き合ってきた証だろう。

おと女（じょ）の火　布津村（現・南島原市）では、いつからともなく「おと女の火が下るから明日は雨だね」といった。曇天（どんてん）の夜、布津大崎鼻の松林の間を火の玉が雲仙岳麓から海の方に向かって飛ぶのが見えると、翌日はたいてい雨なのだという。

その由来は次のようなものである。昔「おと婆さん」とよばれる老婆が雲仙岳麓の松林の中の一軒家に住んでいた。おと婆さんの唯一の楽しみは、大雨の日を除いて毎日1里（4km）あまりも離れた海辺に行き、潮干狩りをすることだった。珍しく何もとれなかったある暑い日、おと婆さんが

帰ろうとして自分が上っている石を見上げると、蛸の足の先が1本見えていた。おと婆さんが喜び勇んで引っ張ると、太い足が途中から切れた。おと婆さんはそれから毎日通い、蛸の足を1本ずつとって帰った。8日目となり、おと婆さんは残りの足1本と胴体を持って帰るつもりで大矛(おおほこ)を用意して磯に向かった。すると1本の足を引きずりながら大きな蛸が現れて、「私はこの岬の海の精である。殺生が好きなあなたを喜ばせてあげたいが、仲間が減るのが残念でならない。そこでこうして毎日あなたに自分の足を1本ずつ捧げていたのだ。だが、今日あげると私の杖としている足がなくなってしまう。今日はイボ一つで我慢してくれないか。そして今後は雨の前夜にこっそり来てくれ」と言った。しかし、おと婆さんは己の欲望のあまりこれを聞き入れず、持ってきた大矛で蛸の目玉をついた。身をかわした蛸の足がおと婆さんの首にかかろうとした瞬間、一天かき曇って波は荒れ、雨が降り、おと婆さんの体は海の底へと引き込まれた。その晩漁に出ていた舟人の話では、八つの火の玉が大崎鼻から次々飛んで、山の麓に向かい一つの大玉となって消え失せたという。その火が「おと女の火」というわけである。これと類似した話は近隣の加津佐町(現・南島原市)にも伝わっている(『長崎県郷土誌』)。

河童

長崎県下では、いわゆる河童のことと思われる妖怪を「河太郎」「ガワタロ」「ガアタロ」「キャタロ」「ガーッパ」「ガータンボ」などとよんでおり、その伝承数は他の妖怪に比べて群を抜いている。内容としては、「河童の婿入り」や「河童の詫証文」「河童と相撲を取る話」のような他県でも見受けられるものもあるが、独自性が強いと思われるものも複数ある。例えば、長崎市の水神社(すいじんじゃ)には次のような話が伝わっている。水神社の神主である渋谷氏はかつて河童を統率していた栗隈王の子孫だという。水神社では、毎月5日の晩に河童にごちそうするしきたりがあった。ごちそうのなかには必ず竹の子の輪切りがあったのだが、実は神主のものだけが本物の竹の子で、河童に供されたものは老い竹の輪切りだった。河童たちは、平気で食べている神主を見て感心したという。水神社に客人がある際は、前日に「河童の献立」と紙に書いて本殿の裏の石に貼っておけば、翌朝には新鮮な野菜や肴(さかな)が載せてあった。この石は河童石とよばれ、現存している(『長崎の民話』)。

光源寺の幽霊

「子育て幽霊（飴買い幽霊）」の話である。長崎市の麹屋町に1軒の飴屋があった。ある夜、白い着物を着た24、5歳くらいの女がやってきて、一文銭を渡し、飴を売ってくれという。女は毎晩やってきて、7日目の晩には、お金がないから飴をめぐんでほしいといった。飴屋が後をつけると、伊良林町の光源寺に入っていき、墓の中に消えてしまった。近づいてみると、新しい墓の下から赤ん坊の泣き声が聞こえてきた。女は死んで葬られた後に出産したため、棺の中に入れた六文銭で飴を買い、子どもを育てていたのである。

ここまでは全国各地にある「子育て幽霊」の話と共通する。しかし、光源寺の幽霊の話には続きがある。まず、この女は長崎出身の彫刻師・藤原清永が修業で京都に行った際の宿の娘だった。清永と恋仲になっていたものの、清永は長崎に呼び戻され、別の女性と結婚することになった。そうとは知らない宿の娘は清永を追って長崎までやってきたが、清永の結婚を知って失望し、長旅の疲れも出て、病気になり死んでしまう。それを清永が光源寺に頼んで葬ったのである。飴屋の一件後、清永は改めて女の供養をし、墓の下から出てきた赤ん坊は彼が育てることになった。また清永は、御礼に死んだ女の姿をつくって光源寺に納めた。これが今も寺宝として残っている「産女の幽霊」像だといわれており、毎年8月16日に一般に公開されている。

また、この幽霊は1か月後に飴屋の枕元に立ち、御礼に何かしたいが困っていることはないかと尋ねる。飴屋はこの辺は水が出ないから、水がほしいと答えた。翌日飴屋が道を歩いていると、朱色の女物の櫛が落ちていた。そこを掘ってみると、冷たい清水が出てきた。この水は、日照りでよその井戸から水が出ないようなときでも、こんこんと湧き出たという。これが麹屋町にある「幽霊井戸」だが、現在は道路の下に埋められており、井戸の一部だったコンクリート片だけが残されている（『長崎の民話』）。

唐人幽霊堂

長崎市の唐人屋敷の一角に「幽霊堂」という建物があった。ここには長崎で亡くなった唐人たちの位牌が納められていた。いつの頃からかここには幽霊が住んでいると噂されるようになった。唐人たちには葬式の際、棺の中に片方の靴を入れ、もう片方は棺の上に載せておき、葬式が終わると後者を家人が持って帰るというしきたりがあった。その晩、幽霊堂の方から、片足は靴をはき、もう片方は裸足

Ⅲ 営みの文化編

で歩く足音が聞こえてくる。すると家人たちは「今帰ってきた」と安心した。唐人の間では、死んだら一度帰ってこなければ恥だと信じられていたという（『長崎の民話』）。これと類似した話は、1851（嘉永4）年に書かれた中島広足（ひろたり）の「かしのしづ枝」（『日本随筆大成』第1期16）にも「清人の幽霊」と題されて収められており、こちらでは「この清国人の幽霊は、日本人にはみえず、清国人にのみ面影がみえたり、靴音が聞こえたりするという」などと書かれている。異国の風習と幽霊譚が多くの人の関心を集めたのだろう。

二十六聖人に関する伝承

1597年2月（慶長元年12月）に26人のキリシタンが長崎市の西坂で磔（はりつけ）に処せられた。彼らの死骸はそのまま数十日間さらされていたという。ところが、処刑されたはずの外国人宣教師が西坂近くのキリシタン寺（教会）でミサを行っており、同じく磔にされた少年もそれにお供をしているのをある外国人が目撃した。その外国人が刑場に行ったところ、一人の外国人宣教師と少年の遺体がなかった。刑場の番人に尋ねると、この二人の遺体は時々消えたり現れたりすると答えたという（『旅と伝説』1-10）。このようなキリシタン殉教の話から潜伏キリシタンにまつわる話まで、多くのキリシタン関連怪異譚が長崎県には残されている。

ヌリボウ

ヌリボウとは、壱岐島（現・壱岐市）に伝わる妖怪で、他県でいうヌリカベ（塗り壁）のようなものである。夜道を歩いていると、路側の山から突如突き出てくるという。出る場所は決まっていて、言い伝えもいろいろある（『民間伝承』4-1）。

禿童（はぎわら）

禿童とは、壱岐島に伝わる竜宮童子の話である。長者原（ちょうじゃばる）に竜宮信仰が厚い夫婦がいた。二人は毎年海に向かって門松・年縄を献じていた。ある年の暮れ、夜更けに眠っていると、竜宮からの使いというものがきた。竜王が夫婦の長年の信仰心に感じ入り、竜宮に招待するという。竜宮でのもてなしが終わり、欲しいものを問われた夫婦は、使いの助言に従い、禿童をもらう。夫婦が禿童の頭を撫でながら願い事をすると、すべての願い事が叶った。立派な家や蔵、財宝に若さまで手に入れた二人だったが、次第に禿童の振るまいが気に入らなくなる。そこで夫婦は禿童を竜宮に返した。するとたちまちすべてが元に戻り、夫婦も白髪の老人と化して、ほどなく亡くなったという（『日本昔話記録13　長崎県壱岐島昔

話集』)。

味噌五郎

味噌五郎は、いわゆる「巨人伝承」の一つである。長崎県では、島原半島や外海町（現・長崎市）などに伝承が残されている。西有家町（現・南島原市）に伝えられている話によると、味噌五郎は高岩山に住んでいた。味噌五郎は人が良く、力持ちで、畑仕事の手伝いをしたり山を切り開いたりしては、百姓から好物の味噌を分けてもらっていた。これが「味噌五郎」という名前のゆえんである。味噌五郎は雲仙岳に腰を下ろし、有明海で顔を洗うほど大きかったという。味噌五郎が畑仕事で鍬（くわ）を振るっている最中に尻もちをつき、その拍子に鍬から落ちた土でできたのが有明海の湯島であり、掘った後に水がたまったのが雲仙の空地であるという話もある（『西有家町の民話　みそ五郎やん』）。千々石町（現・雲仙市）に伝わるのは、味噌五郎が飼っていた大牛の話だ。千々石町には尾ノ先・尾ノ上・鞍置・牛ノ頸という地名がある。全部つなぐと約2里（8km）にもなるのだが、それが味噌五郎の大牛の大きさに相当するのだという（『長崎県郷土誌』）。

　外海町に伝わるのは、怒った味噌五郎の話である。味噌五郎が二つの山を竿でかついで歩いていた。峠の頂上に着いたとき、あまりに疲れたので近隣の人々に味噌をなめさせてほしいと頼んだところ、断られてしまった。怒った味噌五郎は二つの岩を放り投げた。一つは峠の上に残り、一つは海に転がり落ちて島のようになった。現在前者は大城、後者は小城とよばれている。また、海に浮かぶ「竿ばな」とよばれる岩は、味噌五郎が担いできた竿であるという。珍しく怒った味噌五郎だが、この話は、いかにこの地が貧しかったかを物語る話とも解釈されている（『長崎の民話』）。

Ⅲ　営みの文化編

高校野球

長崎県高校野球史

長崎県で初めて野球が行われたのは1895年だといわれ，以後，長崎医専や長崎高商が主催して中学野球の大会が開催された．1917年には長崎中学（現在の長崎西高校）が全国大会に出場，25年には長崎商業が市岡中学を破って県勢初勝利をあげた．

戦後は，長崎西高校，長崎東高校，長崎商業の3校が強く，49年夏には長崎東高校が県勢として戦後初出場を果たした．51年には長崎西高校が春夏連続出場，選抜ではベスト8まで進み，優勝した鳴門高校に延長15回の末に惜敗した．

58年からは長崎南山高校が夏春連続して出場，翌59年選抜にはベスト4まで進んだ．

この頃から県内では海星高校が圧倒的に強くなったが，甲子園初出場以来春夏合わせて7連敗を喫するなど，甲子園ではあまり勝つことができなかった．

同校が甲子園で初めて大活躍を見せたのが，76年夏のことである．酒井圭一投手は徳島商業，福井高校，崇徳高校，東北高校を完璧に抑えて準決勝に進んだ．準決勝では，PL学園高校と対戦してサヨナラ犠牲フライで敗れたが，その剛腕振りから"サッシー"と呼ばれた．

長崎県では78年から1県1校となった．この頃から，長崎市以外の高校が活躍するようになり，この地域から初めて甲子園に出場したのが74年夏の佐世保工業である．

平成に入ると，長崎日大高校が急速に力をつけてきた．93年選抜に甲子園に初出場すると，いきなりベスト8まで進出，以後2000年までの8年間で春夏合わせて7回出場，ベスト8に2回進んだ．

また，1994年夏には長崎北陽台高校，96年夏には波佐見高校がともに初出場でベスト8まで進むなど，新しい高校の活躍も目立っている．

2005年夏，清峰高校が初出場．翌06年選抜で長崎県勢として春夏通じて初めて決勝に進むと，08年選抜では花巻東高校の菊池雄星投手との投手戦を制して優勝した．公立高校の優勝は選抜大会では14年振りの快挙だった．

　13年春には創成館高校が初出場して以後常連校となり，また長崎商業，波佐見高校，大崎高校など公立高校も活躍している．

【秘話】怪物サッシーといわれた酒井投手

　甲子園で怪物といわれた剛腕投手は多いが，海星高校の酒井圭一投手もその一人である．

　離島・壱岐の漁師の家に生まれた酒井は，子どもの頃から船に乗って海に出，櫓を漕いでいたことから強靭な下半身に育ったという．3年生となった76年夏の長崎県大会3回戦，島原中央高校との試合では1回先頭打者から6回1死まで16人連続奪三振という快記録をつくっている．17人目の打者がショートゴロを打ち，一塁に悪投したため完全試合を逃したが，7回コールドでノーヒットノーラン．県代表決定戦の長崎工業戦もノーヒットノーランを達成し，西九州大会も含めて1失点で甲子園に出場．37イニング55奪三振という快投で注目を集めた．

　甲子園の初戦は徳島商業を延長10回4安打，2回戦の福井高校を2安打と完璧に抑えて，3回戦では猛打で選抜を制した崇徳高校と対戦した．試合は，酒井・黒田（真二）の両投手による投手戦となり，6回まで黒田投手にノーヒットに抑えられていた海星高校は，7回1死から加藤敦彦が初安打で出塁．2死一三塁から一塁線上の当たりが内野安打となって三塁ランナーがホームインした．酒井はこの1点を守り切り，崇徳高校をわずか2安打に抑えて降した．さらに準々決勝の東北高校も3安打に抑えて準決勝に進み，PL学園高校と対戦した．

　この試合は1－2とPL学園高校リードで迎えた9回裏に同点に追いついて延長戦となり，11回に初めて外野手の頭を越す三塁打を打たれた後，レフトフェンス近くまで飛ばされて犠牲フライにより，2－3で敗れた．

　秋のドラフト会議ではヤクルトが酒井を1位で指名，入団交渉には松園オーナーが実家のある壱岐にまで赴き，入団が決まった激励会には長崎県知事や市長も出席するという盛り上がりだった．

> 主な高校

諫早高 (諫早市, 県立)　春2回・夏2回出場　通算2勝4敗

　1911年北高来郡立諫早実科高等女学校が創立，20年県立諫早高等女学校となる．また23年には県立諫早中学校が創立．48年両校が統合して県立諫早高校となった．

　23年創部．72年選抜で甲子園に初出場し，成章高校を下して初勝利をあげベスト8に進んだ．80年選抜でもベスト8に進んでいる．

海星高 (長崎市, 私立)　春5回・夏18回出場　通算13勝23敗

　1892年カトリック・マリア会が外国人子弟教育のために海星学校を創立．1903年海星商業学校，11年には海星中学校となる．48年の学制改革で海星高校となる．

　15年創部．59年夏甲子園に初出場すると，常連校として活躍．76年夏には「怪物」と呼ばれた酒井圭一投手を擁してベスト4まで進んだ．その後も出場を重ね2016年春にはベスト8に進んだ．

瓊浦高 (長崎市, 私立)　春1回・夏2回出場　通算0勝3敗

　1925年瓊浦女学校として創立し，28年瓊浦高等女学校と改称．48年の学制改革で瓊浦女子高校となり，翌49年瓊浦高校と改称．

　50年に軟式で創部し，56年に硬式に移行．80年夏に甲子園初出場．91年には春夏連続出場している．

佐世保工 (佐世保市, 県立)　春3回・夏4回出場　通算4勝7敗

　1937年県立佐世保工業学校として創立．48年の学制改革で佐世保商業学校と統合して佐世保商工高校となるが，51年に商工分離で佐世保工業高校となる．

　46年に軟式で創部して，翌47年に硬式に移行．74年夏甲子園に初出場し，以後83年までの10年間で春夏合わせて7回出場した．83年春にはベスト8まで進んでいる．

佐世保実 (佐世保市, 私立)　春1回・夏5回出場　通算3勝6敗

1966年に商業科の佐世保実業高校として創立し, 翌67年に創部. 84年選抜に初出場し, 初戦で星稜高校を降して初勝利をあげた. 以後, 出場を重ねている.

清峰高 (佐々町, 県立)　春2回・夏3回出場　通算13勝4敗, 優勝1回, 準優勝1回

1952年長崎県立北松南高校として創立. 2003年清峰高校と改称した.

1952年に軟式で創部し, 57年硬式に移行. 2001年吉田洸二監督の就任で強豪となり, 05年夏甲子園に初出場すると, 初戦で強豪愛工大名電高校を延長戦の末に降して初勝利をあげ, 3回戦まで進出. 翌06年選抜では東海大相模高校やPL学園高校などを破って決勝に進み, 準優勝した. さらに09年選抜では決勝で花巻東高校の菊池雄星投手との投手戦を制して優勝した.

創成館高 (諫早市, 私立)　春4回・夏2回出場　通算3勝5敗

1962年長崎市に九州経営学園高校として創立. 73年協立高校と改称, 88年に諫早市に移転して, 創成館高校となった.

創立と同時に創部. 2013年選抜で初出場を果たすと, 以後は常連校となった. 18年選抜ではベスト8まで進んでいる.

長崎商 (長崎市, 市立)　春2回・夏7回出場　通算4勝9敗

1885年長崎区立商業学校として創立し, 翌86年長崎外国語学校と統合して長崎県立商業学校となる. 89年長崎区に移管し, 1901年に市立長崎商業学校, 25年長崎市立商業学校と改称. 48年の学制改革で市立長崎商業高校となる.

明治時代から活動し, 20年に正式に創部. 25年夏甲子園に初出場して, ベスト8に進んでいる. 戦後, 52年春にベスト8, 夏にはベスト4まで進出した. 近年では2016年夏に出場している.

長崎南山高 (長崎市, 私立)　春1回・夏2回出場　通算3勝3敗

1952年カトリック系男子校の長崎南山高校として創立し, 同時に創部.

Ⅲ　営みの文化編

58年夏甲子園に初出場すると,翌59年選抜ではベスト4まで進んだ.その後,97年夏に38年振りに甲子園に出場している.

長崎西高 (長崎市, 県立)　春1回・夏3回出場　通算2勝5敗

1884年長崎県立長崎中学校として創立.1948年長崎市内の中学校・高等女学校の各2校を東西2校の県立高校に再編成した際に,長崎西高校として創立.西高が旧長崎中学の校舎を利用したため,後継校とされる.

06年に開催された長崎医専主催の中学野球大会に参加.17年夏に長崎県勢として初めて全国大会に出場した.戦後,51年選抜ではベスト4まで進んでいる.その後,81年夏にも出場した.

長崎日大高 (諫早市, 私立)　春2回・夏9回出場　通算12勝11敗

1967年日大の準附属高校として創立し,同時に創部.93年春甲子園に初出場してベスト8まで進み,以後常連校となる.2000年夏にもベスト8,07年夏にはベスト4まで進んだ.

長崎北陽台高 (長与町, 県立)　春0回, 夏1回出場　通算3勝1敗

1979年県立長崎北陽台高校として創立し,翌80年に創部.94年夏に甲子園に初出場すると,関東第一高校,宿毛高校,中越高校と降してベスト8まで進出した.

波佐見高 (波佐見町, 県立)　春1回・夏3回出場　通算3勝4敗

1977年県立川棚高校分校が独立して県立波佐見高校となり,同時に軟式で創部.79年に硬式に移行.96年夏甲子園に初出場するとベスト8に進出.2011年選抜では初戦で横浜高校を降して注目を集めた.

㉝長崎県大会結果（平成以降）

	優勝校	スコア	準優勝校	ベスト4		甲子園成績
1989年	海星高	3－2	佐世保実	島原中央高	西海学園高	初戦敗退
1990年	海星高	1－0	長崎商	長崎日大高	長崎南山高	初戦敗退
1991年	瓊浦高	13－11	海星高	長崎南山高	長崎日大高	初戦敗退
1992年	佐世保実	3－2	長崎商	海星高	波佐見高	3回戦
1993年	長崎日大高	5－4	波佐見高	長崎商	海星高	2回戦
1994年	長崎北陽台高	7－3	海星高	長崎南山高	諫早商	ベスト8
1995年	長崎日大高	9－3	波佐見高	佐世保実	海星高	初戦敗退
1996年	波佐見高	3－2	長崎日大高	瓊浦高	島原中央高	ベスト8
1997年	長崎南山高	10－3	長崎商	長崎日大高	諫早商	初戦敗退
1998年	長崎日大高	4－1	諫早高	大村工	西海学園高	初戦敗退
1999年	長崎日大高	2－0	海星高	波佐見高	佐世保工	3回戦
2000年	長崎日大高	10－4	波佐見高	佐世保実	瓊浦高	ベスト8
2001年	波佐見高	7－2	長崎商	諫早高	島原中央高	初戦敗退
2002年	海星高	6－2	長崎南山高	島原中央高	佐世保工	2回戦
2003年	長崎日大高	9－1	波佐見高	佐世保工	大村工	初戦敗退
2004年	佐世保実	9－7	清峰高	長崎日大高	波佐見高	初戦敗退
2005年	清峰高	13－8	瓊浦高	波佐見高	創成館高	3回戦
2006年	清峰高	2－0	波佐見高	長崎南山高	瓊浦高	2回戦
2007年	長崎日大高	15－2	長崎北高	清峰高	島原工	ベスト4
2008年	清峰高	5－3	鎮西学院高	波佐見高	長崎商	2回戦
2009年	長崎日大高	7－4	創成館高	瓊浦高	波佐見高	初戦敗退
2010年	長崎日大高	4－1	海星高	佐世保実	長崎商	2回戦
2011年	海星高	8－7	清峰高	西陵高	瓊浦高	初戦敗退
2012年	佐世保実	2－1	長崎商	瓊浦高	海星高	2回戦
2013年	佐世保実	4－3	長崎日大高	海星高	創成館高	初戦敗退
2014年	海星高	7－4	創成館高	長崎商	九州文化学園高	初戦敗退
2015年	創成館高	7－3	海星高	長崎商	佐世保実	初戦敗退
2016年	長崎商	1－0	大村工	清峰高	創成館高	初戦敗退
2017年	波佐見高	4－2	清峰高	瓊浦高	長崎日大高	初戦敗退
2018年	創成館高	6－1	海星高	佐世保工	長崎商	初戦敗退
2019年	海星高	10－1	鎮西学院高	長崎日大高	長崎商	3回戦
2020年	大崎高	6－1	鹿町工	長崎南山高	波佐見高	（中止）

Ⅲ　営みの文化編

やきもの

三川内焼（絵皿）

地域の歴史的な背景

長崎の歴史を語る上で、出島は欠かせない。

元亀2（1571）年、ポルトガル船が入港して以来、長崎の町には南蛮寺（キリスト教会）が建てられ、キリスト教が広まりをみせた。だが、豊臣秀吉の時代になると、長崎は天領となり、キリスト教への弾圧が始まったのである。

寛永13（1636）年、徳川幕府はポルトガル人によるキリスト教の布教を防ぐため、また貿易を厳しく監視するために、長崎の町の岬の先端に約1万5千平方メートルの人口の島、出島を築造した。ちなみに、この出島は、海を埋め立てて築いたことから「築島」、あるいは、その形が扇型をしていたことから「扇島」とも呼ばれた。

そして、長崎に暮らしていたポルトガル人をこの出島に収容し、寛永16（1639）年にはポルトガル船の来航も禁止された。その後、当時、オランダは平戸で貿易を行なっていたが、それも出島に移されることになった。それ以降、幕末まで日蘭交流は続いた。鎖国が続いた江戸時代の200年余り、出島は日本で唯一ヨーロッパに向けて開かれた貿易の窓口となり、重要な役割を果たしていったのである。

安政5（1858）年に日米修好通商条約が結ばれると、それ以降は横浜や函館でも海外貿易が行われるようになった。それにより、長崎でも貿易の中心は出島から、トーマス・グラバーやフレデリック・リンガーたちが活躍した現在の長崎市南山手町（グラバー園周辺）の外人居住地へと移っていったのである。その後、出島は中島川の変流工事や周囲の埋立などにより、しだいに町の中に埋没していき、扇の形は失われていった。

なお、大正11（1922）年、出島は和蘭商館（オランダ商館）跡として国

指定史跡に指定された。

主なやきもの

三川内焼

　佐世保市三河内地区で、江戸時代から今日まで焼き継がれている陶磁器がある。広義には平戸藩三皿山（三川内山・江永山・木原山）で焼かれた陶磁器を、狭義には三河内山で焼かれた上手の白磁や染付磁器のことを三川内焼という。江戸時代には平戸焼ともいわれたが、明治の廃藩置県以降は三川内焼の名が一般に用いられるようになった。

　三川内山は、寛文8（1668）年には、三川内御細工所が設けられるなど、平戸藩の窯業の中心地となった。さらに、天保元（1830）年から昭和20年代頃まで、薄手のコーヒーカップなどを製造し、海外へ輸出している。国内向けの製品は、割烹用の高級な食器から水指などの茶陶にまで及ぶ。狩野派風の繊細な呉須絵を施した染付が有名で、特に松樹の下で無心に遊ぶ唐子を描いた唐子絵が広く知られる。他にも、卵殻手と呼ばれる薄手の白磁や精巧な捻り細工などにも特色が見られる。

波佐見焼

　東彼杵郡波佐見町で焼かれた陶磁器。開窯期は、諸説あって不詳であるが、だいたい16世紀末から17世紀初め頃と思われる。初めは陶器を焼いていたが、やがて、波佐見は大村藩の奨励もあって磁器製造に取り組み、隣接する有田（鍋島藩）・三川内（平戸藩）と共に磁器生産の中核的な位置を占めるようになった。そして、17世紀中頃には、四皿山（三股山・名子山・稗木場山・永尾山）が開かれ、以後、大村藩の窯業の拠点として発達していった。17世紀後半になると、各窯で主に東南アジア諸国向けの輸出品を生産するようになった。18世紀には、全長16メートルを超える世界最大級の中尾山登り窯など巨大な窯を擁し、国内向けの安価な染付磁器、いわゆる「くらわんか」と呼ばれる茶碗や皿などの大量生産に転じた。

Ⅲ　営みの文化編

19世紀には、コンプラ瓶と呼ばれる酒や醤油を入れる海外輸出用の瓶もつくられた。明治以降も日常雑器を中心に生産が続けられ、長崎県最大の陶磁器の産地として今日に至っている。

　なお、近世古窯跡は30基余りを数えるが、平成12（2000）年にはそのうち5基の古窯跡（畑ノ原窯・三股青磁窯・長田山窯・中尾山登り窯・永尾本登り窯）が国史跡に指定された。

Topics ● やきもの公園と陶器まつり

　毎年4月29日から5月5日のゴールデンウイークに「波佐見陶器まつり」が開催される。半世紀以上もの歴史を持ち、日本でも有数の大規模な陶器祭りである。

　現在、メイン会場となっているのは「やきもの公園」である。そこに大型テントが設置され、窯元や商社、作家など150軒近くが出店する。

　ちなみに、やきもの公園は、世界でも珍しい野外博物館で、古代から近世にかけての世界を代表する窯12基が再現されている。また、その公園の一角には「陶芸の館」があり、そこでは波佐見焼の歴史や工匠たちの技、さらには現代の商品までを見ることができる。

　やきもの公園ができたのは、昭和56（1981）年のこと。それ以前は、やきもの公園前の県道1号線が歩行者天国となり、そこに店がずらりと並ぶかたちで陶器まつりが開かれていた。

　波佐見陶器まつりは、メイン会場をやきもの公園に移してからさらに盛んになり、近年では期間中30万人もの人出がある、という。同時期に開かれる有田陶器市（佐賀県）と両方を楽しむ人たちも増え、有田と波佐見を結ぶ無料シャトルバスも運行されるようになった。

IV

風景の文化編

地名由来

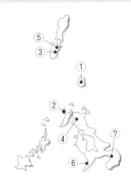

外交の「府」長崎

「長崎県」のスタートは、慶応4年（1868）2月に長崎裁判所が置かれ、同年5月に「長崎府」が置かれたところにある。全国に「江戸」「京都」「大坂」などとともに10置かれた「府」の1つである。いかに新政府がこの長崎を重視していたかがわかる。江戸期における長崎の位置づけを考えれば当然のことであった。

ここでは「長崎」という地名が圧倒的な存在感を誇っていた。藩としては「島原藩」「平戸藩」「福江藩」（五島）「大村藩」があり、それらは明治4年（1871）7月の廃藩置県によってそれぞれ「県」となったが、同年11月には「長崎県」という名称のもとに統合されることになった。1つ重要なことは、明治9年（1876）8月から明治16年（1883）5月までは、現在の佐賀県の「佐賀藩」「対馬藩」「唐津藩」「小城藩」「蓮沼藩」「鹿島藩」も長崎県のエリアに入っていたことである。

また、明治5年（1872）8月、旧厳原県（対馬）が伊万里県から分離され、長崎県に統合されたが、その理由はわかっていない。

大正15年（1926）に出された『長崎叢書（下）』には「長崎之起源」として、次のように記されている。

「一、長崎往古瓊杵田津、玉杵名邑、深津江、瓊浪浦等の称あり中古福富浦又深江浦と呼ひ又瓊浦と云ふ　長崎小太郎此地を領し子孫世襲するに及んて終に地名となれりと云ふ」

ここに記されているように、古代からこの地は「深津江」「深江浦」「福富浦」などと呼ばれていたことがわかる。「深津江」とはまさにこの長崎の地形を言いえて妙である。「深く入り込んだ入江にある津」という意味である。

また「長崎小太郎」という人物がこの地を支配しており、その姓から「長崎」という地名が生まれたとされている。さらにこう書いてある。

「一、長崎港別に鶴の港と称す森崎一帯左右の海水深く入りて其脛の如く港内は其翼を張るに似たり山上より之を望めは其状恰も鶴の沖るの勢あり故に此称ありと云ふ往古は西浦上村住吉社前に海水来りしと云ふ」

「鶴の港」とはよく表現したものだ。確かに山上から見ると、そのような形に見えないこともない。

また、中世には「永崎」とも書かれていたという。いずれにしても、深く入り組んだ地形に由来することは間違いない。

とっておきの地名

①壱岐（いき）　平成16年（2004）、「郷ノ浦町」「勝本町」「芦辺町」「石田町」が新設合併して「壱岐市」になったが、もともとかの「魏志倭人伝」にも見える古い地名である。魏志倭人伝には「一大国」と書かれているが、これは「一支国」の誤りであろうとされている。『古事記』『日本書紀』では「伊伎」「以祇」「壱岐」などと記され、『万葉集』では「由吉能之島」と表記されている。フロイスによる「日本史」でも「Yuquinoxima」と書かれており、かつては「ゆきのしま」と呼ばれていたことは確かである。律令時代以降「壱岐国」として独立していた。（『長崎県の地名』）

由来としては「往き」の意味だとする説が強いが、大嘗祭で東方に設けられる祭場を意味する「斎忌」「悠紀」にまつわるものとも考えられる。あるいはもっと単純に「雪」にちなむという説もある。

②生月（いきつき）　平戸島の北部に位置する島名であり、「生月町（いきつきちょう）」は北松浦郡に属していた町。平成17年（2005）の合併によって平戸市となり、自治体名としては消滅。キリシタンの島、江戸期においては捕鯨の島として知られた。古代においては「生属」と書かれていたが、明治2年（1869）に「生月」に書き改めたという。「属」を「つく・つき」と読むのは目新しいように思うが、「属」は音では「ぞく」「しょく」で、意味としては「付属」「属兵」などでわかるように「つく・くっつける」を意味している。

由来としては、遣唐使が荒海を乗り越えてやっとの思いで「いきついた」ところなので「生属」の名があり、後に「生月」に転訛したという。（『角川日本地名大辞典 長崎県』）あり得る話である。

Ⅳ　風景の文化編

③ 厳原(いづはら)　「厳原町(いづはらまち)」は対馬の南部にあった町。平成16年（2004）の大合併によって対馬市の一部になっている。明治2年（1869）、それまでの「府中」を「厳原」に改称したことに始まるので、比較的新しい地名と言える。

　古来、対馬国の国衙があったところと見られ、対馬の中心地として栄えた。町の中心に八幡宮神社が鎮座するが、社伝によれば、神功皇后が三韓征伐からの帰路、この地にある清水山に立ち寄った際、この山は神霊が宿るとして山頂に磐境を設けて天神地祇を祀ったという。現在も見事な境内を誇っているが、その神社の前原を「伊豆波留」と称していたことから「厳原」という地名になったとされる。「伊豆波留」は単なる音を意味するので、漢字そのものには意味はない。「波留」は「ハル」であり、九州地方に多く分布する「原（ハル・バル）」地名である。「伊豆」は「イツくし」すなわち、「神威がいかめしい。また、威厳がそなわっている。おごそかで立派である」の意味で、漢字では「厳し」「慈し」「美し」と表記する。（『広辞苑』）

④ 江迎(えむかえ)　「江迎町(えむかえちょう)」は北松浦郡にあった町。平成22年（2010）に鹿野町とともに佐世保市に編入し、自治体としては消滅。九州にこんな素敵な地名があったことに感動する。古来、この地は港としても宿場としても栄えたところで、「江」（港）で「お迎え」するという意味になり、交通の要地としてこれ以上ない「もてなし」の心を感じる。

　江戸期からすでに「江迎村」としてあり、昭和15年（1940）に「江迎町」として発展した。実は「江迎」という地名についてはほとんど研究の跡もないのだが、佐世保市に合併される際に、この地名の良さがどれだけ論議されたのだろう。全国に誇る地名だと考えてよい。

⑤ 鶏知(けち)　対馬列島の6つの町が合併して、列島全体が「対馬市」になったのは、平成19年（2007）のことである。「厳原町(いづはらまち)」「美津島町(みつしまちょう)」「豊玉町(とよたまちょう)」「峰町(みねちょう)」「上県町(かみあがたちょう)」「上対馬町(かみつしまちょう)」といった自治体名が消えてしまったことは残念ではある。旧美津島町に「鶏知」というきわめて珍しい地名がある。ここには千数百年も前と推定される神功皇后の伝説が息づいている。皇后は俗にいう三韓を征伐するためにこの地に着いたのだが、

初めての土地でどこに人家があるかもわからない。すると、東のほうから鶏の鳴き声が聞こえて人家があることがわかり、ここに滞留したというのである。

この地は昔から「鶏知村」と言ったが、その後美津島町になり、今は対馬市美津島町鶏知という住居表示になっている。学校名で「鶏知」がついているのは「鶏知中学校」で、小学校と幼稚園は「鶏鳴小学校」「鶏鳴幼稚園」となっている。「鶏鳴」という名前こそ、神功皇后伝説そのものである。

さて、この「鶏知」という漢字だが、ほんとうは「雞知」と書くのが正しいようだ。しかし、町内の表示はまちまちだ。バス停などは「雞知」になっているが、郵便局は「鶏知」になっている。これもやや不思議だ。

この鶏知の地点は東西18キロメートル、南北82キロメートルの対馬の中で、東西の海がいちばん接近している地点にある。西水道から浅茅湾が深く入り込み、美しいリアス海岸になっており、そのいちばん奥が樽ヶ浜であり、そのいちばん奥まったという意味で「ケチ」（穴・結）と呼んだのがルーツなのであろう。

対馬は古くから「対馬」と書かれていたが、『古事記』では「津島」になっている。朝鮮半島から見ると、文字通り、北の島と南の島が「対」に見えるところから「対馬」となったと言われるが、その通りかもしれない。ではなぜ「馬」と書いて「しま」と読むのか？

これはある時点で「島」を「馬」に書き間違えた可能性がある。地名の世界ではよくある話である。

⑥ 香焼（こうやぎ）

「香焼町（こうやぎちょう）」は西彼杵郡（にしそのぎぐん）にあった町で島名でもある。平成17年（2005）の大合併によって長崎市に編入されて自治体名は消滅。自治体名は「香焼町」だったが、現在は「長崎市香焼町（こうやぎまち）」となっている。

旧香焼町はもと香焼島と陰ノ尾島とからなる離島だったが、戦前戦後の造船・石炭産業の発展によって埋め立てが進み、現在は長崎市と陸続きになっている。

由来として『香焼町郷土誌』には、昔、弘法大師が唐に渡る前と後にこの地に立ち寄り、山に入って航海安全と無事帰着の感謝を奉げたところ、その時焚かれたお香が洞窟内にしみ通ったので、この地を「香焼山」とい

Ⅳ　風景の文化編

うようになった、との伝承を記している。ありそうな話ではあるが、弘法大師伝説はどこにでもあり、そのまま鵜呑みにするわけにはいかない。他方、「クワヤキ」の転訛したもので、「クワ」は「茎」のことで、樹木を意味し、叢林地を焼いて焼畑農業を営んでいたことによるという説もある。(『角川日本地名大辞典 長崎県』)

⑦千々石（ちぢわ）　島原半島西部の橘湾沿いにあった町名。平成17年（2005）に周辺6町村と合併して「雲仙市」として市制を施行したため、自治体名としては消滅。『肥前国風土記』に次のようにある。

「土齒（ひぢは）の池　土地の人は岸のことを比遅波（ヒヂハ）という。郡役所の西北方にある。この池の東の海辺に高い崖がある。高さ百丈余り、長さ三百丈余りである。西の海の波がいつも洗いすすいでいる。土地の人の言葉によって土齒の池という。池の堤の長さは六百丈余り、巾は五十丈余り、高さ二丈余りである。池の内側は縦横（たてよこ）二十町余りである。潮が来ればいつでも［池の中に潮が］突入する。荷・菱（はす・ひし）が多く生える。秋七、八月には荷の根が大変うまい。季秋九月には香も味も変わってともに食用に供えようがない」

古来、千々岩・知十歪・千々波などとも表記されてきたが、ここに記されているように、もとは「土齒」、「比遅波（ひぢは）」と呼ばれる池があったことに由来する。「高さ二丈余り」というから6メートル余りということになるが、潮が来れば海水が流れ込むといった池であったらしい。「ヒジ」とは古語で「土」「泥」を意味するので、「土齒」の「土」はそのものズバリを意味している。「齒」は「比遅波」の「波」のことである。すると、「ヒジハ」は土の崖に打ち寄せる波という意味になる。

この「土齒」が転訛して「千々石」になったというのが定説になっている。

難読地名の由来

a.「白南風」（佐世保市）**b.**「早岐」（佐世保市）**c.**「御手水」（島原市）**d.**「崩山」（島原市）**e.**「豆酘」（対馬市）**f.**「大左右触」（壱岐市）**g.**「岐宿」（五島市）**h.**「女の都」（長崎市）**i.**「滑石」（長崎市）**j.**「調川」（松浦市）

【正解】

a.「しらはえ」(中国・四国・九州地方では「南風」のことを「はえ」という。「白」は風の影響で空気が白くなることを指しているか) **b.**「はいき」(『肥前国風土記』に「速来(はやき)」とある。潮の流れが速いことによると言われる) **c.**「おちょうず」(「手水(ちょうず)」とは、神仏に参拝する前に手や顔を洗い清めることで、そのような事実があったと推測される) **d.**「くえやま」(「くえ」は崩壊を意味する地名で、崩壊した山を意味する) **e.**「つつ」(筒状の岬などの地形によるものか) **f.**「たいそうふれ」(「左右(そう)」は「左右」のことで、「触」は壱岐に特有な村内の小地域を指す地名なので、「左右に大きく広がる地」程度の意味か) **g.**「きしく」(避難港で宿があったことにちなむと考えられる。「寄宿」の転訛か) **h.**「めのと」(平家の落人で、特に女性が落ち延びたことによるという) **i.**「なめし」(「なめらかな石」によるという) **j.**「つきのかわ」(「調」は「つき」「みつぎ」とも読み、古代に行われた「租庸調」の「調」と見れば意味は通じる)

商店街

浜の町商店街（長崎市）

長崎県の商店街の概観

　長崎県は人口135万人、九州地方7県のなかでは、福岡、熊本、鹿児島に次ぐ人口規模で、第1位の長崎市（42.1万人）、2位の佐世保市（25.1万人）の両市で県の人口の半分を占めている。また、県内には多くの島（594島）を有し、県の総面積の約46％は島である。現在の長崎県は、明治維新までは幕府直轄地としての天領と、佐賀、大村、島原、平戸、福江、厳原の諸藩に分かれていた。1876年、肥前の国に属する旧佐賀県全部を長崎県に移管し、肥前、壱岐、対馬の3国21郡の県となったが、後に旧佐賀県が分離し現在の長崎県となった。

　長崎県の各都市のなかでは、長崎市と佐世保市に商店街が集中している。人口規模では第3位の諫早市（13.6万人）、4位の大村市（9.4万人）と続き、以下、南島原市と島原市が4.4万人とほぼ同数である。諫早市と大村市、島原市には比較的大きな商店街が存在しているが、大規模店舗の郊外立地化が進み、「まちなか」の商業機能の衰退が進んでいる。しかしながら、商店街の空き店舗率は県内全体で12.0％（2015年度）と全国の空き店舗率14.6％と比べて、2.6ポイント低い。また、県内のショッピングセンターの総数は2014年現在で27あり、九州7県のなかでは、福岡（126）、熊本（49）、大分（30）に次いで4番目である。店舗面積が5万 m^2 を超える大規模店舗が福岡県には9店舗、熊本県には3店舗、大分県には1店舗あるが、長崎県には存在しない。県内には最大で2万 m^2 台の店舗が長崎市に3店舗、佐世保市に2店舗、大村市に1店舗と、合計で6店舗にとどまっている。

　長崎市は市街地の周囲が山に囲まれているという地形的要因から、郊外型の大型商業施設が比較的少なく、「浜の町商店街」（「浜市アーケード」）や「新大工商店街」などの中心商店街が賑わいを見せている。一方で、2000年代以降には、長崎港大波止に「ゆめタウン夢彩都」、JR長崎駅前に

「アミュプラザ長崎」などの大型商業施設が進出し、中心商店街も楽観できない状態となっている。佐世保市は人口規模25万人の地方都市の商店街としてはアーケードの規模も大きく活気もあり、全国の商店街からも多くの人が視察に訪れるほどの人気である。その要因の1つとして、長崎市と同様に、海と山に囲まれた地形的条件から中心市街地の拡大が限定され、コンパクトな都市構造が維持されており、中心商店街が駅から徒歩圏内にまとまって立地していることが大きい。2012年に長崎県が行った『消費者購買実態調査報告書』によると、長崎市民の買い物先の86.1％が長崎市、佐世保市民の買い物先の75.4％が佐世保市といずれも1位を占めている。両市とも3位に通信販売がそれぞれ4.3％、5.4％を占めており、佐世保市に本社を構える日本有数の通信販売会社の影響も見逃せない。

　また、長崎県は47都道府県のなかでも最も島が多い。なかでも、飲食店や土産物店の多い五島の福江商店街や週末になると韓国からの観光客も押し寄せる対馬の厳原・川端通商店街、まち歩きに最適な平戸・みやんちょ商店街、壱岐・郷ノ浦町商店街などが島の商店街として知られている。

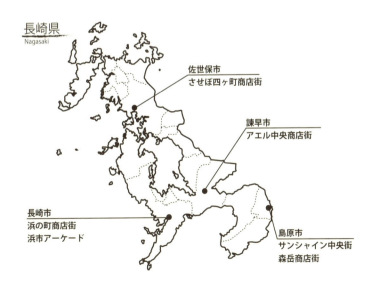

Ⅳ　風景の文化編

> 行ってみたい商店街

浜の町商店街、浜市アーケード（長崎市）
―長崎県下一の繁華街にある中心商店街―

　長崎市内には商店街が主なところだけでも20近くある。なかでも県下最大の商業地は、浜の町商店街で、その中核の浜市商店街は1902年に発足し、日本で2番目に古い商店街と言われている。浜市商店街は長崎電気軌道路面電車の西浜町電停前から東西方向に伸びる全長350ｍの「浜市アーケード」と、アーケードの途中から南北方向に伸びるアーケード「ベルナード観光通り」からなり、長崎一の繁華街を形成している。長崎では「まち」と言えばこのエリアで、「浜の町」「浜町」と書いて「はまんまち」と発音する。浜町の名の由来は、浜辺の新開地ができたことから地名が付けられたと言われている。この界隈を散策することを「浜ぶら」と呼び、明治から創業する老舗の店が多く、浜市アーケードだけでも約150店舗が軒を連ねている。アーケードのなかを通る国道324号線は、午前5時から10時までは車も通ることができる。

　浜市アーケードの入口は船首の形になっていて、2本の錨のマークがデザインされ、貿易港で栄えた長崎の商店街らしい雰囲気を出している。アーケードの中ほどには80年以上の歴史を誇る市内唯一の百貨店・長崎浜屋があり、向かいには「仲見世8番街」がある。アーケード内を歩くと、休憩所や日本語・英語・中国語・韓国語で書かれた表示板、商店街マップが置かれていて、長崎を訪れる外国人観光客にも親切な心配りがなされている。

　近年、JR長崎駅が一新され、「アミュプラザ長崎」をはじめとした駅ナカショッピングビルができ、シネマコンプレックスや東急ハンズ、無印良品をはじめ、東京の有名ブランド店やセレクトショップなどが多数出店している。2022年の長崎新幹線（九州新幹線西九州ルート）開業に向けて、着々と駅周辺のまちづくりが進行中である。長崎駅から離れた位置にある中心商店街・浜の町周辺も地域間競争の激化に対して、商店街独自の魅力をどう打ち出していけるかが大きな鍵となってくる。

させぼ四ヶ町商店街（佐世保市）
―全国有数の全長960mのアーケード商店街―

　JR佐世保線の終着駅で、日本最西端の駅でもある佐世保駅に降りると、山と海の両方が間近に見えてくる。平地は少なく坂と階段の多い町のため、佐世保の市街地はコンパクトにまとまっている。明治初期の人口は4,000人あまりであった寒村が、現在では人口25万人の長崎市に次ぐ県下第2位の都市に発展している。1889年の旧佐世保鎮守府の開庁とともに、大がかりな建設が始まり、戦後は海上自衛隊と米国海軍の基地の町として、日本と米国の文化が溶け込んだ独特の雰囲気をつくり上げてきた。

　佐世保駅から駅ビル「フレスタ佐世保」、多目的ホール「アルカスSASEBO」を見ながら国道35号線させぼ大通りをしばらく歩くと、中心商店街の大きなアーケードの入口に到着する。全国有数のアーケード商店街「させぼ四ヶ町商店街」である。四ヶ町アーケード、さるくシティ４〇３アーケード、サンプラザアーケードの3つのアーケードが連続し、国際通りと交差するところまで全長960mあり、直線型のアーケードとしては全国有数の規模を誇る。させぼ四ヶ町商店街のキャッチフレーズもユニークで、「20万都市では日本一元気な商店街」「人が人を呼ぶまち四ヶ町」と大胆かつ面白い表現で商店街を宣伝している。実際に商店街を歩くと、地方商店街には珍しく活気があり、空き店舗も見当たらない。また、商店街の中ほどには、少し路地に入ったところに佐世保駅から平戸方面へ行くローカル私鉄・松浦鉄道の佐世保中央駅がひっそりと建っている。この駅からアーケードを天井部でまたぎ、さらに国道35号線の上の高架橋を通過して、次の中佐世保駅まで日本一駅間距離が短いことも、鉄道ファンの間では有名である。

　商店街には地元百貨店「佐世保玉屋」が立地し、土産物店や地元名物の佐世保バーガーやレモンステーキの店、書店、銀行、スーパーマーケットなどあらゆる業種が160店舗以上集まっている。きらきらフェスティバルや5,000人によるきらきらチャリティ大パーティーなど、商店街独自のイベントも随時開催されている。このように商店街が一体となって様々な取組みを行っていることから、全国の商店街関係者が多数視察に訪れている。近くには、大正時代から佐世保市民の台所となっている「戸尾市場街」や、戦時中の防空壕を店舗として再利用した「とんねる横丁」など興味深い見どころも数多い。近年、郊外型大型ショッピングセンターの進出によって

苦心している地方都市の商店街のなかで、これほど活気のあるところは珍しい存在である。戦前の洋風建築を残した銀行や防空壕を再利用した店舗、米国文化が漂うジャズバーなど、佐世保らしい歴史遺産や異文化を巧みに取り入れたまちづくりは、中心市街地の活性化の1つのヒントになるのではないか。

アエル中央商店街（諫早市）
―街道筋を中心に発達した3つの商店街―

　諫早市は長崎県の中央に位置し、長崎市、佐世保市に次ぐ人口14万人の県下第3位の都市である。諫早市の中心商店街である「アエル中央商店街」は島原街道の街道筋を中心に発達した商店街で、栄町通り・本町通り・竹の下通りの3つの商店街から構成されている。2022年の九州新幹線西九州ルートの開業に合わせて、駅前再開発中のJR諫早駅からは2km以上離れており、最寄駅は島原鉄道本諫早駅で、ここから徒歩5分で商店街の入口（栄町）に到着する。栄町と本町の2つの商店街は、アーケードが設置され広々としている。アーケードのなかには、買い物客が休憩しやすいように等間隔に木の椅子が設置されている。まちの中心部を流れる本明川を渡ると、竹の下通りに続いている。こちらはアーケードではなく、道の両側に雨除けの屋根が設置されたタイプになっている。3つの商店街ともほとんどが個人商店で、呉服店や電器店、薬局、青果店、鮮魚店など地域密着型の店舗構成となっている。かつては本町通りに大型スーパーマーケット「サティ」があったが、2005年に撤退し、現在は諫早市中心市街地商店街連合組合が運営する「アエルいさはや」として再スタートしている。

　大型店が撤退した後、商店街自らがまちづくり活性化に向けてどう取り組んでいけばよいか、これまで様々なアイデアを出し合っている。取組みの1つとして、商店街に不足する業種を公募して充足を図ることや、90分無料駐車場の設置、100円商店街や商店街活性コスプレイベントと銘打った賑わい創出イベント事業などを行っている。商店街としてはがんばっているが、決定打にはなっていない。商店街を歩いてみても、買い物客が多いとは言えず、のどかな地方都市の商店街の印象を受ける。かつて賑わっていた昭和の商店街の面影として、大型スーパーマーケットの看板や、映画館跡がかすかに残っているところも興味深い。現在では、商店街の空き地部分には隙間を縫うように大型マンションが建てられている。一方で、

重厚な戦前の西洋建築をそのまま残した「十八銀行」や、昔ながらの家屋をそのまま利用して営業をしている、江戸時代からの伝統を受け継ぐ「諫早うなぎ」の専門店もある。商店街のなかには新旧の建物が混在していて、散策するのにも最適な場所である。長崎にも佐世保にもない諫早ならではの商店街再生策を打ち出すことができるのか見守っていきたい。

サンシャイン中央街、森岳商店街（島原市）
―島原城下の湧水とレトロな商店街―

　JR諫早駅から島原鉄道に乗り換えて約1時間、島原駅に到着する。島原駅を降りて、島原城を正面に眺めながら「七万石坂」と名づけられた通りを城の方向へ歩くと、右手に古い町屋風のレトロな建物が見えてくる。このあたりが森岳商店街である。商店街の案内板には、「心ゆたかな時間を過ごせる街　森岳さらく」と書かれている。「さらく（さるく）」とは、まちをぶらぶら歩くという意味の長崎弁である。森岳商店街を歩くと、道祖神をモチーフにデザインした街路灯の側面に名所案内や歴史紹介のプレートが付いていて、わかりやすい。明治・大正時代に建築された建物がそのまま店舗として使われている。酒蔵、和楽器店、金物店、時計店、精肉店など生活に密着した店が多い。まちの駅（無料休憩所）やギャラリーなどもあって、のんびりとくつろげる。このあたりは長崎県のまちづくり景観資産や島原市の「まち並景観賞」のプレートが付けられた店も多い。

　森岳商店街からさらに南へ数分歩くと「サンシャイン中央街」と掲げられたアーケード商店街が見えてくる。ここが島原市の中心商店街で、サンシャイン中央街（万町商店街）と一番街アーケード（島原一番街）が連続している。商店街のなかには湧水が至る所にある。商店街の中ほどにある公衆浴場「ゆとろぎの湯」では、買い物の途中で温泉も楽しめる。商店街のなかには、昭和30年代の商店街が賑わいを見せていた当時の写真や島原城下町の様子が詳しく書かれていて興味深い。

　商店街にはスーパーマーケットや大型店もなく、地元住民に密着した品揃えの店が大半である。島原名物の夏の冷菓「かんざらし」の店も多い。商店街のなかの通りは、坂本龍馬が幕末激動期に長崎の行き帰りに勝海舟たちと一緒に通った歴史ある道だと言われており、このあたりで一休みしたことも地図や写真で説明されている。歴史好きな人にも十分に楽しめる商店街である。

花風景

雲仙岳のウンゼンツツジ（県花）

地域の特色

長崎県は東シナ海に突き出す四つに分岐した半島とその沖合の離島からなる複雑な形をしている。離島は北から対馬、壱岐、平戸島、五島列島などが並ぶ。平地部が少なく、長崎の坂の町やジャガイモ・柑橘類の段々畑は象徴的である。島原半島の雲仙岳は古来大噴火による大災害をもたらしてきたが、一方、特異な火山景観も生み出してきた。古くは肥前の国であり、長崎の天領の他、対馬藩、平戸藩、福江藩、大村藩、島原藩などが置かれた。太平洋側と同じ暖温帯の気候を示す。

花風景は、近世の城郭跡の公園のサクラ名所やハナショウブ名所、現代の花木園や観賞用花畑、島原半島のジャガイモ、五島列島や雲仙岳の自生種など、都市、里地、自然の地域にわたる花が特徴的である。

県花はツツジ科ツツジ属の低木のウンゼンツツジ（雲仙躑躅）で、雲仙岳に広く生育し、群生して美しく春を彩るツツジであり、ミヤマキリシマの別称である。約700メートル以上の山地に桃色の花を春に咲かせ、雲仙地獄周辺、池ノ原、宝原と順次移動し、その後、仁田峠一帯に咲き誇る花の群生をつくって見頃を終える。

主な花風景

大村公園のサクラとハナショウブ
＊春、天然記念物、日本さくら名所100選

大村市玖島にある玖島城跡の大村公園には約20種類、約2,000本のサクラが咲き誇る。一般的なソメイヨシノ、シダレザクラ、ヤエザクラの他、オオムラザクラ（大村桜）、クシマザクラ（玖島桜）、タカトオコヒカンザクラ（高遠小彼岸桜）、カンザン（関山）、ショウゲツ（松月）、ウコン（鬱金）、ギョイコウ（御衣黄）、フゲンゾウ（普賢象）、その他珍しい多彩なサトザクラが城郭跡を彩り、次々に咲き乱れ、フジ、ツツジ、ハナショウブも順

次観賞できる。ハナショウブは約1ヘクタールの花菖蒲園に室内生け花用の伊勢系と肥後系や品種数が豊富な江戸系が約170種類、約30万本が一面に咲き競い、見事である。夜間ライトアップは幻想的な風景に変わる。

この中で、オオムラザクラは「大村神社のオオムラザクラ」として国の天然記念物に指定されている。大村神社とは玖島城本丸跡に造営された神社であり、オオムラザクラはこの社殿前両側を中心に約300本生育している。なお、わが国の本来のサクラの自生種は一説には5種であり、その他は自然に生まれた変種や園芸品種として改良された変種である。これらを総称してサトザクラ（里桜）と呼ぶ。オオシマザクラは、1941（昭和16）年に発見され、一つの花が二重になる二段咲きで、花弁が60枚から200枚に及び、優美で気高く、名桜中の名桜、サトザクラの逸品と評価されている。花の色も、つぼみがえび茶、満開で桃色と変化する。クシマザクラも67（同42）年に発見された二段咲きのサクラで県の天然記念物になっている。

玖島城は1599年（慶長4）年に肥前の国大村藩の初代藩主大村喜前が築城し、1614年（同19年）頃に大村純頼（1616年に第2代藩主）によって拡張され改修された。当時は大村湾に突き出した半島にあり、三方を海に囲まれた海城であったが、今は周辺が埋め立てられている。海城は喜前が豊臣秀吉の朝鮮出兵でその軍事的な強さを学び、純頼の改修は喜前と親しかった戦国武将で肥後（熊本）の大名加藤清正の助言を得たという。大村氏は中世以来この地の領主であった。明治時代の1871（明治4）年に廃城となり、建造物は取り壊された。84（同17）年、本丸跡に大村氏を祀る大村神社が造営され、この時サクラが植えられたという。

眉山治山祈念公苑のサクラ　＊春、世界ジオパーク

島原半島にある雲仙岳東麓の有明海を望む眉山山麓に、島原市の総合運動公園があり、その一画に眉山治山祈念公苑がある。そこに聖観世音菩薩像が建立され、その像の周囲とアプローチ階段にソメイヨシノ460本が咲いている。サクラは地元青年会議所の「一万本桜植樹」計画の一環として植えられたものである。近くの島原城跡周辺にもサクラが美しく咲いている。背後には雲仙天草国立公園に指定されている険しい眉山が望め、眼下には島原の街並みと有明海を一望することができる。この公苑は火山災害の犠牲者の供養と郷土の眉山の治山による安泰繁栄を願ってつくられたも

IV　風景の文化編

のである。像の製作者の故北村西望は島原半島の出身者であり、代表作に長崎平和公園の長崎平和祈念像があり、彫刻界の大家であった。

この地は、1792（寛政4）年、雲仙岳の普賢岳（1,359メートル）の噴火により、眉山の大崩壊によって埋め尽くされ、島原の九十九島が形成された所である（西海の九十九島とは異なる）。雲仙岳は「三峰五岳の雲仙岳」といわれ、その三峰の一つ普賢岳は昔から活発に活動していた。噴火では大地震を誘発し、東の眉山の大崩壊を起こして島原の町を埋め、有明海に津波をもたらし肥後（現熊本県）を襲った。「島原大変肥後迷惑」と伝えられ、犠牲者約15,000名の歴史上わが国最大の火山災害といわれる。

長串山公園のツツジ　　＊春、西海国立公園

　佐世保市の長串山（234メートル）の長串山公園には山腹西斜面にツツジが一面に咲き誇り、北九十九島と平戸島などを眼下に一望できる。佐世保市に合併した元鹿町町が1969（昭和44）年からツツジの植栽を行ったもので、約20ヘクタールにヒラドツツジやクルメツツジ約10万本が西海国立公園の海の青や島の緑に調和して、桃色や赤色の鮮やかな彩りを添えている。佐世保市の「九十九島八景」として、冷水岳、高島番岳、船越、石岳、鵜渡越、展海峰、弓張岳と共に8カ所の優れた九十九島展望台に選ばれている。公園にはビジターセンター、キャンプ場、ちびっ子広場などもある。

　西海国立公園は長崎県の西部、佐世保の九十九島、生月島・平戸島から五島列島へと続く島嶼と海岸の風景を見せる海洋公園である。200余りの小さな島々が密集している九十九島は、リアス海岸（沈降海岸）であり、海岸も溺れ谷地形で変化に富んでいる。海岸沿いの玄武岩の溶岩台地には九十九島八景で述べた展望台があり、遊覧船も巡っている。

　ヒラドツツジ（平戸躑躅）はツツジ科ツツジ属の一種である。九州の南の南西諸島原産のケラマツツジ、本州・四国原産のモチツツジ、西日本原産のキシツツジなどの交雑で生まれた。江戸時代の書物にその名は記され、名の由来は長崎県の平戸で栽培されてきたことによるとされている。常緑低木の主幹のない株立ちの樹形で、樹冠を覆い尽くすように満開の大きな花をつけ、刈込みに強いので、庭園、公園などに広く植栽され、園芸品種は多い。クルメツツジ（久留米躑躅）はキリシマツツジと同種であり、ツツジの中では小型であるが、ヒラドツツジのように樹木全体に赤色、白色

など派手な色彩の花をつける。江戸後期に福岡県の久留米で藩士がミヤマキリシマ、ヤマツツジなどから品種改良を行った園芸品種であり、多くの品種を総称してクルメツツジと呼んでいる。小ぶりなので庭植えや鉢植えが楽しまれ、公園などにはあまり普及していない。

白木峰高原のナノハナとコスモス　＊春・秋

　諫早市の白木峰高原は五家原岳（1,058メートル）南の山腹の標高約330メートルの丘陵に位置する。約1ヘクタールに春にはナノハナ約10万本が黄色の花で埋め尽くし、秋にはコスモス約20万本が桃色、白色、赤色、赤紫の花で染め上げる。春のナノハナの中に咲くサクラも添景となって風情がある。眼下に有明海が望め、諫早湾干拓や雲仙普賢岳を遠望できる。有明海最奥の諫早湾は国営干拓事業で水門が閉め切られ、淡水化・高潮防止のため干拓を推進する閉門派の農業者と、漁業被害増大による開門派の漁業者の対立が長く続いている。白木峰高原の管理運営は諫早市が指定管理者制度を用いて白木峰高原育成会に委託している。近くにはコスモス花宇宙館や諫早市こどもの城などもある。

島原半島のジャガイモ　＊春

　島原半島にはジャガイモ畑が多く、ジャガイモの濃緑の葉が広がる一面に白色や紫色の可憐な花が茎の先端に咲き、美しく並んで点在する。もちろん農家に迷惑をかけないように、観賞しなければならない。島原半島にはその他、段々畑も残っていて農業のなりわいの風景を楽しむことができる。長崎県は五島列島の福江島もジャガイモの生産地である。

　ジャガイモの花はあまり注目されない。しかし、農業には人間の手が丹念に入り、水田や茶畑のような整えられた風景のように、よく見ると美しい風景が多い。従来、農作物で花が愛でられるのはナタネ（ナノハナ）、ソバ、ウメ、モモ、リンゴなどのなりわいの風景であるが、もっとなりわいの風景が評価されてもよいであろう。その一つがジャガイモの花である。ジャガイモの花の美しさを伝える逸話として、18世紀のフランスの悲運の王妃マリー・アントワネットが舞踏会などでジャガイモの花の髪飾りを着けていたという。ジャガイモは大航海時代の到来で16世紀に南米からヨーロッパに移入された。一説では、国王のルイ16世がジャガイモを国民に普

及するため王妃にジャガイモの花の髪飾りを着けさせたともいわれている。

　ジャガイモの生産量は北海道が圧倒的に多く、長崎県は北海道に次いでわが国第2位である。長崎県は生育適温などが比較的恵まれた気象条件とはいえ、冷涼な北海道が一大生産地であるように、品種改良のたゆまぬ努力があった。冷涼地ではなく、暖地にも育つ品種改良を本格的に行ったのは、島原半島の現在の雲仙市愛野町にある1951（昭和26）年発足の長崎県農業試験場愛野試験地（現農林技術開発センター農産園芸研究部門馬鈴薯研究室）の技師宮本健太郎であった。55（同30）年、最初の暖地二期作用のジャガイモ2品種が生まれ、ウンゼン、タチバナと名付けられ、タチバナは普及した。後にシマバラという品種も生まれたが、現在ではニシユタカ、デジマ、アイユタカなどが普及している。地元には宮本健太郎を顕彰する記念碑が建立されている。

五島列島のヤブツバキ　＊冬・春

　五島列島は長崎県沖合に北東から南西に連なる島々で、大きくは最大の五島市福江島を中心とする南側と、2番目に大きな新五島町中通島を中心とする北側に分かれる。島々は火山の地形地質とリアス海岸の複雑な海岸線を見せている。五島列島はツバキ油を取るヤブツバキの実の生産高がかつて全国第1位であり、現在は伊豆大島に次いで第2位である。ヤブツバキは暖地の各地に生育する常緑樹で、海岸近くでは群落をつくっている。照葉樹林の典型的な種で、クチクラという膜によって葉には光沢がある。

　中通島の北に長く延びる岬の先端に白い津和崎燈台があり、付近には椿公園があり、自生のヤブツバキが群生し、深紅の花が美しい。変種が多く、福江島玉之浦のヤブツバキは深紅の花弁に白い縁があるという珍しい花であり、この品種は「玉之浦」と呼ばれ、世界の愛好家にも知られている。1947（昭和22）年、炭をつくる地元の人が山に入った時に偶然発見したものである。突然変異の一種であったのであろう。これは播種では増やせず、挿し木、接ぎ木で増やしたが、原木は心ない人によって盗掘され、今では自生種はない。「2020国際ツバキ会議・全国椿サミット」が五島市で開催されるが、ロゴマークは玉之浦のヤブツバキをデザインしている。ツバキは県の花木であり、新上五島町の町花にもなっている。

雲仙岳のミヤマキリシマ　　＊春、雲仙天草国立公園、特別名勝、天然記念物、世界ジオパーク

　ミヤマキリシマはツツジの一種で、春に山が緑で覆われる頃、樹高1メートルくらいの樹冠に一斉に桃色、紫色、赤紫色の花をつけて群生する。その花風景は、九州ならではであり、感動させられる。雲仙岳では標高約700メートル以上の高地に群生し、雲仙地獄（680メートル）、宝原（750メートル）、池の原（750メートル）、仁田峠（1,100メートル）、国見岳・妙見岳（1,340メートル）と標高の低い所から高い所にかけて、4月下旬頃から5月下旬頃に次々と満開のピークを迎える。場所によって花の色が異なり、国見岳・妙見岳の稜線では紫色、仁田峠では桃色と赤紫の花が混じり、両地は大群落を形成している。

　ミヤマキリシマは雲仙岳の他、大分県の鶴見岳、九重山地、熊本県の阿蘇山、宮崎県・鹿児島県の霧島山などの九州の火山地帯の高地に自生する花である。別称として、雲仙岳ではウンゼンツツジ、霧島山ではキリシマツツジと呼ぶことがある。火山活動によって生まれた生態系の優占種で、火山活動が終息し、本来の生態系が出現すると森林化によって生育できなくなる。キシタエダシャクというガの一種の幼虫（シャクトリムシ）が九州のミヤマキリシマ群落において大発生し、花が咲かなくなることが時々起きる。ミヤマキリシマは観光客や登山者が楽しみにしていることから大きな被害として問題になり、薬剤散布をすべきかどうか議論になった。しかし、ミヤマキリシマが枯死に至るほどではなく、薬剤散布は生態系そのものを破壊するので、一応議論は収束している。

　島原半島にある雲仙岳は普賢岳（1,359メートル）、国見岳、妙見岳の三峰と他の五岳からなる火山の総称で「三峰五岳の雲仙岳」と呼ばれていた。普賢岳の火山活動の恐ろしさは記憶に新しく、1991（平成3）年の火砕流では44名の犠牲者を出した。この活動では新たな溶岩円頂丘の平成新山（1,483メートル）を生み出した。34（昭和9）年、わが国最初の国立公園の一つ雲仙国立公園が誕生する。審議の過程で風景の傑出性について議論があったが、長崎港に近い外国人の保養地であったこと、11（明治44）年にすでに長崎県営公園となっていたことなどがあり、さらに、ミヤマキリシマが古くから注目を集めていたことも評価されて、国立公園となった。

Ⅳ　風景の文化編

公園／庭園

国立公園雲仙岳

地域の特色

長崎県は九州の北西部を占め、東シナ海に突き出す四つに分岐した半島とその沖合の離島からなる複雑な形をした県である。海進によって低地部が水没し、山地部がリアス海岸と島嶼を残した。東部は佐賀県との県境をなす国見山系、多良岳山系の山地が連なる。半島は、北から北松浦、西彼杵、長崎（野母崎）、島原の四つからなり、離島は、北から対馬、壱岐、平戸島、五島列島などが並ぶ。離島面積は鹿児島県に次いでわが国2位の広さであり、県面積の約45％を占めている。県面積はわが国37位であるにもかかわらず、海岸線長は北海道に次いで2位である。平地部が少なく、長崎の坂の町やジャガイモ・柑橘類の段々畑は象徴的である。地形は火山性と非火山性の地形が複雑に入り組み、島原半島、平戸、五島列島は白山火山帯に属し、多くの火山地形が見られる。特に島原半島の雲仙岳は近世から現代にかけて、大噴火に伴う大災害をもたらしてきたが、一方、特異な火山景観も生みだしてきた。

離島群は古代より大陸との交流の窓口となり、遣隋使・遣唐使も寄港していた。平戸、長崎も国際交流が盛んとなり、鎖国下の長崎出島にオランダ東インド会社のオランダ商館が置かれた。長崎はオランダや中国から近代文明を移入し、長崎の町は今も異国情緒を色濃く残している。

長崎県は古くは肥前といわれ、長崎の天領のほか、対馬藩、平戸藩、福江藩、大村藩、島原藩などが置かれた。近代には佐世保が帝国海軍の軍事基地となり、第二次世界大戦では広島に次いで原爆が落とされた。炭鉱業、造船業は山口・福岡・佐賀・熊本・鹿児島県などの構成資産とともに、2015（平成27）年、世界文化遺産「明治日本の産業革命遺産」となった。

自然公園は雲仙岳の火山や海岸・島嶼の国立・国定公園に優れ、都市公園・庭園は近世・中世の城郭や大戦にちなむものが特徴的である。

168　凡例　🈳自然公園、🈳都市公園・国民公園、🈳庭園

主な公園・庭園

雲仙天草国立公園雲仙岳

＊世界ジオパーク、特別名勝、天然記念物

　島原半島にある雲仙岳は普賢岳（1,359m）、国見岳、妙見岳の三峰と他の五岳からなる火山の総称で「三峰五岳の雲仙岳」と呼ばれていた。普賢岳の火山活動の恐ろしさは記憶に新しく、1991（平成3）年の火砕流では44名の犠牲者を出した。この活動では新たな溶岩円頂丘の平成新山（1,483m）を生みだした。1792（寛政4）年の噴火では大地震も誘発し、東の眉山の大崩壊を起こして島原の町を埋め、有明海に津波をもたらし肥後（現熊本県）を襲った。その災害は「島原大変肥後迷惑」と呼ばれ、犠牲者は約15,000名にのぼった。わが国最大の火山災害といわれるが、そのとき島原の九十九島が形成された（西海の九十九島とは異なる）。

　雲仙岳は1927（昭和2）年の東京日日新聞などの「日本八景」の山岳の部で見事1位に輝いた。当時は「温泉岳」と表記していた。34（昭和9）年、わが国最初の国立公園の一つ雲仙国立公園が誕生する。審議の過程で風景型式の傑出性について議論があったが、長崎港に近く、外国人の保養地になっていたこと、11（明治44）年にすでに長崎県営公園となっていたことなどが評価されて、国立公園となった。長崎県は温泉公園（後に雲仙公園に変更）事務所を開設し、13（大正3）年、県営ゴルフ場、県営テニスコートなどを整備し、外国人向け観光に力を注いでいた。ミヤマキリシマ、雲仙温泉の洋風建築、地獄谷なども特徴的である。

　また、江戸時代の紀行文・地誌などには、富山県の立山と同様に雲仙岳の記述が多くみられる。俳人大淀三千風『日本行脚文集』（1689〜90）、医師寺島良安『和漢三才図会』（1712年頃）、俳人菊岡沾涼『諸国里人談』（1743）、地理学者古川古松軒『西遊雑記』（1783）、医師橘南谿『西遊記』（1795〜98）、修験者野田成亮『日本九峰修行日記』（1812〜18）を読むと、一応に昔栄えた「日本山（温泉山）大乗院満明密寺」の故事来歴を強調し、繁栄を追憶している。雲仙岳の最大の印象は地獄であった。雲仙といえば地獄だと広まっていたのであろう。皆、聞きしにまさる熱湯がたぎり、穴が数十カ所におよぶと噴気・噴湯をとらえる。古松軒は地理学者らしく地獄を客観的に見つめ、硫黄の臭気が甚だしく、毒石や毒草もあるだろうか

Ⅳ　風景の文化編　　169

ら、雲仙岳には行くべきではないと危険性を強調している。一方、南谿は雲仙岳が名山であると褒めたたえ、成亮は、寛政の普賢岳噴火の山崩れの逸話を紹介し、九十九島の成因を客観的に説明している。江戸後期の谷文晁の『日本名山図会』(1812)はこの九十九島も含めたと思われる角度で雲仙岳を勇壮に描いている。

三 西海国立公園九十九島・平戸島・五島列島　＊天然記念物

　西海国立公園は長崎県の西部、佐世保の九十九島、生月島・平戸島から五島列島へと続く島嶼と海岸の優れた景観を見せる海洋公園である。200余りの小さな島々が密集している九十九島は、沈降海岸によって生まれたものであり、海岸も溺れ谷地形で変化に富んでいる。海岸沿いの玄武岩の溶岩台地に弓張岳、烏帽子岳、石岳などの展望台があり、遊覧船も巡っている。九州本土と平戸島の間の平戸の瀬戸には平戸大橋が架かり、平戸島と生月島は生月大橋でつながっている。平戸島・生月島とも外洋の西海岸に海食崖が発達し、特に生月島塩俵の断崖には大規模な玄武岩柱状節理が見られる。平戸島は典型的な火山地形や溶岩台地などがあり、沖合の阿値賀島にも柱状節理が見られる。

　五島列島は東シナ海に浮かぶ七つの主な島と多数の小島からなる列島である。褶曲と断層の活動、その後の浸食、沈降、火山活動と複雑な地史を経て形成されたもので、複雑な海岸線と溺れ谷が発達し、臼状・盾状火山などの火山地形も見られる。中通島と若松島の間の若松瀬戸は断層によるものであり、複雑な地形を示している。東シナ海に面する沿岸は大小250以上の島々からなる荒々しい外洋性多島海景観を見せている。五島最大の島である福江島には、西端に大瀬崎の海食崖が連なり、東南部には鬼岳、火ノ山などの火山地形を残し、その南の鐙瀬海岸は溶岩流の跡がある。西北の沖合にある嵯峨ノ島は海食崖が発達している。

　平戸島は遣隋使・遣唐使の経由地として、長崎出島以前の海外交易の拠点として、また、五島列島とともに隠れキリシタンの地として独特の文化を残している。生月島は江戸時代に捕鯨が活発に行われた。小値賀島西方の斑島には波浪の浸食によってつくられたポットホール（円形の穴）がある。その底には球体の石が座しており、「玉石様」と呼ばれ、信仰の対象となっている。

佐世保は海軍の基地であったことから要塞など軍事遺跡が残っている。1902（明治35）年に九十九島の風景をイメージした有名な唱歌がつくられる。武島羽衣作詞・田中穂積作曲の「美しき天然」である。田中は佐世保海兵団軍楽隊長であり、佐世保女学校の嘱託教師も務めていた。わが国初のワルツの唱歌として普及するが、どこか哀愁を漂わせるものでもあった。その後、この曲は思わぬ所で国民の心に焼きつけられることとなる。この唱歌はなぜか大正昭和にかけて、太鼓や鐘を鳴らすチンドン屋やサーカスのテーマ曲に変貌してしまうのである。九十九島を見おろす烏帽子岳展海峰には田中の顕彰碑が建立され、また出身地山口県の岩国の吉香公園にも立てられている。

🏛 壱岐対馬国定公園壱岐・対馬

　壱岐・対馬は朝鮮半島と九州の間の対馬海峡に位置し、長崎県に属している。両島とも海岸線は変化に富み、海食崖が発達している。位置的に朝鮮半島とのつながりを示す動植物が多く、生物相はユニークで、ツシマヤマネコをはじめ固有種も多い。古代7世紀の白村江の戦い以降国防の最前線となり、元寇では大きな犠牲をはらう一方、朝鮮通信使など古くから外交の窓口となり、朝鮮半島との経済・文化交流などを進めてきた。江戸時代には、対馬藩が徳川幕府と李氏朝鮮国との窓口になって、朝鮮通信使来日の調整など外交交渉を担っていた。「通信」とはよしみを通わすという意味である。対馬藩は幕府と朝鮮国の板挟みになって、国書を偽造するという事件も起こしたが、鎖国の時代にあって先進的な文化がもたらされ、両国には善隣友好の関係が築かれていた。

🏛 上山公園（諫早公園含む）

＊重要文化財・天然記念物、日本の都市公園100選、日本の歴史公園100選

　石造の眼鏡橋がある公園で諫早市の中央に所在する。上山公園は島原鉄道で二分されていて、北東部は旧高城城跡で諫早公園と呼ばれている。高城城は15世紀に西郷尚善が築いた山城である。西郷氏の後に龍造寺家晴（初代諫早家）のものとなった。諫早市のシンボルでもある眼鏡橋は洪水を繰り返していた本明川に1839（天保10）年に架けられた。長崎市の眼鏡橋を視察に行き、より大きく頑丈で美しい橋をつくるために検討が加えられ

Ⅳ　風景の文化編　171

たという。長崎市の眼鏡橋の2倍以上の長さがあり2,800個もの石が使われている。立派な石橋をつくる費用が3分の1しかなかったために、残りは領内の僧侶の托鉢と領民の労働奉仕で完成したと伝えられている。時代が移り交通手段が歩行から人力車や荷車へと変化したため明治時代には別の場所に新しい平らな橋が架けられたが、眼鏡橋はその後も市民のシンボルとして親しまれてきた。しかし、1957(昭和32)年に死者と行方不明者あわせて500名以上という未曾有の大水害が起こり状況は一転した。丈夫な眼鏡橋は流されずに多くの材木が引っかかったため水をせき止めて被害が拡大したといわれたのである。復興事業で河川を40mから60mに拡幅することになったため眼鏡橋を壊す案も浮上したが、結果的に諫早公園への移設が決定し1958(昭和33)年には重要文化財に指定された。

諫早公園が公園として利用されるようになったのは大正時代で、有志によりツツジが植えられたのが始まりとされている。明治時代にヒゼンマユミが発見され、暖地性の樹林がよく残っていることから1951(昭和26)年に「諫早市城山暖地性樹叢」として国の天然記念物に指定された。ヒゼンマユミは諫早市の木に定められている。石畳や石段は苔むし、頂上には巨大なクスノキがある。上山公園の南西の丘は頂上に展望台がある。麓はツツジ園になっていて毎年つつじ祭りが開催される。

都 平和公園　＊史跡、登録記念物

平和公園は長崎市に所在する原子爆弾の爆心地を含む公園である。長崎では1945(昭和20)年8月9日に投下された原爆によって7万人以上の犠牲者が出たとされている。48(昭和23)年には爆心地に公園がつくられ「原子爆弾落下中心地之標」と墨書きされた柱が建てられ慰霊祭が行われた。「アトム公園」「原爆公園」と呼ばれたこともあったという。その後平和公園として整備され、被爆50周年を迎えるにあたって再整備された。約18.6haの公園は陸上競技場やプールなどの運動施設がある西側と、原爆に関連する施設がある東側の三つのゾーンに分かれている。このうち「願いのゾーン」には有名な平和祈念像がある。北村西望の作で55(昭和30)年に完成した。像の前の広場では犠牲者を慰霊する式典が毎年行われている。「祈りのゾーン」には爆心地が含まれる。原子爆弾落下中心地碑や浦上天主堂の移築された壁がある。

平和公園は世界に向けて核兵器の禁止と世界平和の実現を呼びかける場所として記念的な意義をもつことから、2008（平成20）年には国の登録記念物（名勝地関係）になり、爆心地は、旧城山国民学校校舎、浦上天主堂旧鐘楼、旧長崎医科大学門柱、山王神社二の鳥居とともに16（平成28）年に「長崎原爆遺跡」として史跡に指定された。

都 大村公園　＊天然記念物、日本の歴史公園100選

　大村市の玖島城跡につくられた公園である。玖島城は大村喜前が朝鮮出兵の体験を生かして、海に囲まれた自然の要害地に築いたとされている。16世紀末の築城から1869（明治2）年の廃城まで大村氏の居城だった。もとは大村湾に突き出した細長い半島にあったが、周囲の埋め立てが進んだため城があった頃の地形は失われてしまった。公園にある大村神社は明治時代に内陸部の山から城の本丸跡に移築したもので、この時に多くのサクラが植えられたという。「大村神社のオオムラザクラ」は1967（昭和42）年に国の天然記念物に指定されている。大村公園は大村氏から土地を借り受けて22（大正11）年に開園し、第二次世界大戦後には陸上競技場や野球場が整備された。公園の南には玖島城の船蔵跡があり当時の様子をよくとどめているほか、玖島城の二の丸、三の丸跡には貴重な植物が見られる玖島崎樹叢がある。

庭 石田城五島氏庭園　＊名勝

　五島列島（五島市池田町）にある石田城へは、長崎などから船か飛行機で行くしかない。五島氏は江戸時代初期に福江の石田浜に、政庁として陣屋を建てていたが、黒船の来航に備えて築城が許され、1863（文久3）年に石田城（福江城）を造営している。二の丸内に藩主盛成の隠居所として、56〜58（安政3〜5）年にかけてつくられたのが、五島氏庭園だった。書院前面には東西45m、南北30mほどの園池が掘られ、岸には溶岩を使った石積がされ、亀の頭のように突き出した石が、中島や岬の先に置かれている。京都から招かれた善章（全正）という僧侶が、金閣寺を模倣してこの庭園をつくったというが、あまり似ていない。植栽もクスノキ・アコウ・ビロウなどが茂り、南国の雰囲気になっている。最近、整備が行われて建物も見られるようになった。

Ⅳ　風景の文化編

地域の特性

　長崎県は、九州の北西部に位置し、鎖国時代には外来文化を受け入れる唯一の窓口として発展した。多くの島々で構成されていて複雑な海岸地形をなしている。長い間、ミカン、ビワ、ジャガイモなどの畑作と水産業が経済を支えてきたが、ハウステンボスの進出と再編もあり、長崎市をはじめ各市町村の観光化への取り組みが進められている。雲仙の温泉資源の活用とガイドシステムの導入も始まっており、観光客と地域住民も取り込んだ受け入れ側との触れ合いが欠かせない時代となったといえよう。

◆旧国名：肥前、壱岐、対馬　県花：ウンゼンツツジ　県鳥：オシドリ

温泉地の特色

　長崎県内には宿泊施設のある温泉地が32カ所あり、42℃以上の高温源泉が114カ所あって、約60%を占めている。温泉湧出量は毎分2万6,000ℓである。年間延べ宿泊客数は150万人を数え、都道府県別では25位である。温泉地の年間延べ宿泊客数では、44万人の雲仙をはじめ、以下10万人台に小浜、ハウステンボス、島原の各温泉地が続いている。雲仙・小浜と壱岐湯本温泉は国民保養温泉地に指定されており、山と海の環境の異なる温泉地を楽しむことができる。

主な温泉地

①雲仙(うんぜん)・小浜(おばま)　59万人、34位
国民保養温泉地
硫黄泉、塩化物泉

　県南東部、島原半島中央部に雲仙温泉が立地し、その西方に小浜温泉がある。雲仙は1956（昭和31）年、小浜は1962（昭和37）年に国民保養温泉地に指定され、一体となって温泉地域づくりが進められた。雲仙岳中央

部の標高700mの高所に、泉温42〜98℃で硫黄泉の雲仙温泉がある。雲仙地獄と称される噴気地帯が源泉であり、30余りの噴気や熱湯が湧いている。硫化水素の臭気や湯けむりが立ち込める地獄地帯には遊歩道が整備されており、地熱現象を体感できる。雲仙温泉は、701（大宝元）年の僧行基による真言宗「温泉山満明寺」の開山が始まりとされる。雲仙地獄は、仏教の影響を受けて地獄信仰と結びつき、不気味な音を立てて噴出する水蒸気と硫黄分を含んだ熱湯は、民衆に視覚的に訴える地獄思想と救済を説く格好の景観であった。江戸時代前期の1653（承応2）年に加藤善左衛門が古湯に「延暦湯」を開き、雲仙地獄の温泉が湯治に利用された。以後、島原藩主の保護のもとに湯治場が発展した。長崎の出島に赴任していたオランダ商館医のケンペルやシーボルトは、その著書で雲仙をヨーロッパに紹介した。明治以降、長崎が国際貿易港として発展すると、夏でも涼しい雲仙は長崎居留の外国人、上海租界や香港の西洋人の避暑地として賑わった。1934（昭和9）年には、霧島、瀬戸内海とともに日本初の国立公園に指定された。

　雲仙温泉の周囲の景観は、春のミヤマキリシマ、夏のヤマボウシ、秋の紅葉、冬の霧氷など四季折々の美しさをみせる。また、1996（平成8）年の雲仙普賢岳の噴火によって誕生した日本で最も新しい平成新山（1,483m）や、活発に熱水を湧出する雲仙地獄など、特異な景観を間近に見ることができる。このような長い歴史と美しい自然を有する雲仙温泉を訪れる観光客は、温泉入浴と自然探勝、史跡散策を楽しめる。雲仙市は国土交通省の「街なみ環境整備事業」を活用し、ファサード整備（建物外観整備）にも取り組み、景観保全に意を尽くしている。

　雲仙に隣接する小浜温泉は、橘湾（千々石湾）を臨む夕日の美しさで知られ、温泉は豊富である。江戸時代の1614（慶長19）年、本多・島田両氏が島原城主から小浜の温泉支配を命じられ、管理にあたった。特に、本多家は湯太夫の名を与えられ、代々庄屋を務めた。幕末には各地から進出した13軒の宿屋も成立し、明治維新後は松下湯をはじめ多くの共同浴場が新設された。湯札を利用したことから、これらの浴場を札湯と称した。

　小浜温泉は海岸に面するわずかな土地に集落が密集し、海岸の埋め立てが課題であった。本多家は明治中期に私費を投じて5,000坪の埋立地を完成させ、宿屋も33軒を数え、1万8,000人の内外の客を集めた。温泉資源

は豊かであり、90℃を超える高温の硫酸塩泉が毎分3,000ℓも使用されている。温泉は各旅館の暖房にも使われ、防波堤外の海に突出してつくられた町営浜の湯（年間利用者15万人）や、第3セクターが運営するリフレッシュセンターおばま（同3万人）など、新しい日帰り温泉施設も誕生した。周辺の町からも健康づくりのために訪れる客も多い。2015（平成27）年9月、有力な温泉資源を発電に活用するバイナリー発電実証実験を終えて、温泉発電が開始されることになった。

交通：JR長崎本線諫早駅、バス1時間30分（雲仙）、バス55分（小浜）

②壱岐湯ノ本（いきゆのもと）　国民保養温泉地　塩化物泉

　県北部、壱岐島中西部の海岸に面した温泉地であり、自噴源泉は69℃という高温の塩化物泉を毎分600ℓほど湧出している。宿泊施設は9軒あり、年間約14,000人の客を受け入れている。1971（昭和46）年に国民保養温泉地に指定された。この温泉地の歴史は古く、神功皇后がこの温泉を皇子の産湯に使ったという伝説が残されている。壱岐対馬国定公園の特別地域に指定されており、古墳群、元寇の古戦場などの遺跡、入り組んだ海岸地形の景勝地を訪ねるとともに、アワビ、サザエ、ウニの海の幸を味わうなど、変化に富んだ観光を楽しめる。

交通：JR山陽・九州新幹線博多駅、九州郵船築港本町ジェットフォイル約1時間

③島原（しまばら）　炭酸水素塩泉

　県南東部、島原半島中東部に島原市があり、城下町としての歴史を有するが、1967（昭和42）年に温泉が開発され、温泉観光地として現在に至っている。温泉集中管理のもとにホテル、旅館をはじめ、一部は市民へも温泉が給湯されている。泉温は40℃ほどの高温であり、湧出量も多い。温泉は浴用のほか飲用にも使われており、慢性消化器病に効果があるとされ、市内に7カ所の飲泉場が設置されている。足湯も2カ所あり、好評である。島原城は安土桃山時代の築城様式の壮麗なものであったが、明治維新により廃城となった。第2次世界大戦後に城の復元が進められ、天守閣にキリシタン資料や藩政時代の資料が展示されている。鉄砲町の武家屋敷跡は見事な町並みを残しており、中央を流れる水路は飲料水として使われ

たが、「鯉の泳ぐまち」としても観光客を集めている。1996（平成8）年には、雲仙普賢岳の噴火活動を映像で紹介する「観光復興記念館」がオープンした。

交通：JR長崎本線諫早駅、島原鉄道1時間10分

④荒川（あらかわ）　塩化物泉

　県西端、五島列島福江島の西岸、玉之浦湾奥に湧く温泉地であり、遠洋漁業の基地でもある。42℃以上の高温の自噴泉が毎分350ℓ湧いており、6軒の温泉宿が営業している。玉之浦では大瀬崎の150ｍもの高さの海食崖の断崖に圧倒されるが、一方ではキリシタンの遺跡も残されている。旧盆には花笠をかぶり、腰みのをつけた郷土色豊かな念仏踊りが披露され、10月中旬の金曜日〜日曜日の3日間、中国との関係を示す歴史民話の「ねぶた」が港を練り歩き、最終日には花火が夜空を焦がす。

交通：長崎港ジェットフォイル約1時間半、福江港バス40分

執筆者／出典一覧

※参考参照文献は紙面の都合上割愛
しましたので各出典をご覧ください

Ⅰ　歴史の文化編

【遺　　跡】　石神裕之　（京都芸術大学歴史遺産学科教授）『47都道府県・遺跡百科』(2018)

【国宝／重要文化財】　森本和男　（歴史家）『47都道府県・国宝／重要文化財百科』(2018)

【城　　郭】　西ヶ谷恭弘　（日本城郭史学会代表）『47都道府県・城郭百科』(2022)

【戦国大名】　森岡浩　（姓氏研究家）『47都道府県・戦国大名百科』(2023)

【名門／名家】　森岡浩　（姓氏研究家）『47都道府県・名門／名家百科』(2020)

【博物館】　草刈清人　（ミュージアム・フリーター）・可児光生　（美濃加茂市民ミュージアム館長）・坂本昇　（伊丹市昆虫館館長）・髙田浩二　（元海の中道海洋生態科学館館長）『47都道府県・博物館百科』(2022)

【名　　字】　森岡浩　（姓氏研究家）『47都道府県・名字百科』(2019)

Ⅱ　食の文化編

【米／雑穀】　井上繁　（日本経済新聞社社友）『47都道府県・米／雑穀百科』(2017)

【こなもの】　成瀬宇平　（鎌倉女子大学名誉教授）『47都道府県・こなもの食文化百科』(2012)

【くだもの】　井上繁　（日本経済新聞社社友）『47都道府県・くだもの百科』(2017)

【魚　　食】　成瀬宇平　（鎌倉女子大学名誉教授）『47都道府県・魚食文化百科』(2011)

【肉　　食】　成瀬宇平　（鎌倉女子大学名誉教授）・横山次郎　（日本農産工業株式会社）『47都道府県・肉食文化百科』(2015)

【地　　鶏】　成瀬宇平　（鎌倉女子大学名誉教授）・横山次郎　（日本農産工業株式会社）『47都道府県・地鶏百科』(2014)

【汁　　物】　野﨑洋光　（元「分とく山」総料理長）・成瀬宇平　（鎌倉女子大学名誉教授）『47都道府県・汁物百科』(2015)

【伝統調味料】　成瀬宇平　（鎌倉女子大学名誉教授）『47都道府県・伝統調味料百科』(2013)

【発　　酵】　北本勝ひこ　（日本薬科大学特任教授）『47都道府県・発酵文化百科』(2021)

【和菓子／郷土菓子】	亀井千歩子　（日本地域文化研究所代表）『47都道府県・和菓子／郷土菓子百科』(2016)
【乾物／干物】	星名桂治　（日本かんぶつ協会シニアアドバイザー）『47都道府県・乾物／干物百科』(2017)

Ⅲ　営みの文化編

【伝統行事】	神崎宣武　（民俗学者）『47都道府県・伝統行事百科』(2012)
【寺社信仰】	中山和久　（人間総合科学大学人間科学部教授）『47都道府県・寺社信仰百科』(2017)
【伝統工芸】	関根由子・指田京子・佐々木千雅子　（和くらし・くらぶ)『47都道府県・伝統工芸百科』(2021)
【民　話】	廣瀬千香子　（晃華学園中学校高等学校教諭）／花部英雄・小堀光夫編『47都道府県・民話百科』(2019)
【妖怪伝承】	才津祐美子　（長崎大学人文社会科学域教授）／飯倉義之・香川雅信編、常光　徹・小松和彦監修『47都道府県・妖怪伝承百科』(2017) イラスト©東雲騎人
【高校野球】	森岡　浩　（姓氏研究家）『47都道府県・高校野球百科』(2021)
【やきもの】	神崎宣武　（民俗学者）『47都道府県・やきもの百科』(2021)

Ⅳ　風景の文化編

【地名由来】	谷川彰英　（筑波大学名誉教授）『47都道府県・地名由来百科』(2015)
【商店街】	杉山伸一　（大阪学院大学教育開発支援センター准教授）／正木久仁・杉山伸一編著『47都道府県・商店街百科』(2019)
【花風景】	西田正憲　（奈良県立大学名誉教授）・上杉哲郎　（㈱日比谷アメニス取締役・環境緑花研究室長）・佐山　浩　（関西学院大学総合政策学部教授）・渋谷晃太郎　（岩手県立大学総合政策学部教授）・水谷知生　（奈良県立大学地域創造学部教授）『47都道府県・花風景百科』(2019)
【公園／庭園】	西田正憲　（奈良県立大学名誉教授）・飛田範夫　（庭園史研究家）・黒田乃生　（筑波大学芸術系教授）・井原　縁　（奈良県立大学地域創造学部教授）『47都道府県・公園／庭園百科』(2017)
【温　泉】	山村順次　（元城西国際大学観光学部教授）『47都道府県・温泉百科』(2015)

索　　引

あ 行

アエル中央商店街	160
青方（名字）	48
青方氏	30
青方家	33
アゴつみれ汁	88
アゴ料理	70
浅田家	34
鯵のかんぼこ	80
小豆	55
足立家	34
阿比留（名字）	46
新井手用水	55
荒川	177
有馬氏	8, 30, 33
アワ	54
淡雪羹	80
壱岐	5, 151
壱岐牛	73
生月	151
壱岐対馬国定公園壱岐・対馬	171
壱岐嶋分寺跡	16
壱岐湯ノ本	176
諫早干拓資料館	55
諫早高	142
諫早公園	171
諫早市	3
諫早城	24
石田城五島氏庭園	173
磯女／海姫様	135
イチゴ	64
イチジク	64
一口香	98
厳原	152
五輪（いつわ／名字）	49
いもだんご	60
いり焼き鍋	77
イワシおかべ	70
宇久（名字）	49
宇久氏	30
うに飯	69
ウメ	65
浦上天主堂と平和公園	4
浦上のそぼろ	76
うるち米	53
うるめ煮干し	108
雲仙・小浜	174
雲仙天草国立公園雲仙岳	169
雲仙温泉たまご	80
雲仙牛	74
雲仙しまばら鶏	82
雲仙岳	5
雲仙岳災害記念館がまだすドーム	42
雲仙岳のミヤマキリシマ	167
雲仙ツツジ	4
雲仙特選豚「極」	75
雲仙もみじ豚	75
江戸時代の長崎貿易	9
エビのおどり	69
江迎	152
MD雲仙クリーンポーク	75
遠藤周作文学館	43
応永の外寇	8
王直	8
大浦天主堂	3, 21
大浦天主堂キリシタン博物館	41
大村（名字）	49
大村氏	8, 30
大村家	34
大村公園	173
大村公園のサクラとハナショウブ	162
大村市	3
大村ずし	56, 70
岡本大八事件	9
送りだご	102
オシドリ（鴛鴦）	84
小田家	35
小値賀町歴史民俗資料館	42
おてがけ	101
おと女の火	135
鬼木浮立	57
鬼の窟古墳	16
おのっぺ汁	88

小野用水	55
尾羽毛の酢味噌和え	70
お盆の送りだご	102
オリーブ	64

か 行

何（が／名字）	49
海軍ビーフシチュー	74
海神神社	118
海星高	142
かからだご	60, 101
カキ	66
カキ料理	70
角煮	75
隠れキリシタン	5
かじめ	107
カステラ	81, 102
カステラ巻	81
カスドース	81, 103
かす巻（加寿萬喜）	81, 103
河童	136
勝本城	24
金石城	24
がね炊き	69
金田城	25
亀岡神社	119
からすみ（唐墨）	69, 96, 109
からまき	101
寒菊	102
かんころだんご	61
かんころ餅	103
かんたんびわゼリー	66
寒干漬け	97
キウイ	65
キビ	54
きびなごおかべ	69
きびなのいりやき	88
牛かん	75
旧出津救助院	21
キリスト教	8
キリスト教徒の割合	2
「きんぷくりん」と「かんぷくりん」	131
クイーン卵	83
玖嶋稲荷神社	120

180

安富氏	32	茹で干し大根	105	ろくべえ	97
野生鳥獣類対策	78	吉田大明神	119	**わ 行**	
ヤブツバキ	166	**ら 行**		若田石硯	127
やまいもだご汁	88			倭寇	8
ユウコウ	65	霊丘神社	122		
幽霊井戸	132	レイホウ	54		

47都道府県ご当地文化百科・長崎県

令和6年11月30日　発　行

編　者　丸　善　出　版

発行者　池　田　和　博

発行所　丸善出版株式会社
〒101-0051 東京都千代田区神田神保町二丁目17番
編集：電話(03)3512-3264／FAX(03)3512-3272
営業：電話(03)3512-3256／FAX(03)3512-3270
https://www.maruzen-publishing.co.jp

© Maruzen Publishing Co., Ltd. 2024

組版印刷・富士美術印刷株式会社／製本・株式会社 松岳社

ISBN 978-4-621-30965-0　C 0525　　　　　Printed in Japan

JCOPY 〈(一社)出版者著作権管理機構 委託出版物〉
本書の無断複写は著作権法上での例外を除き禁じられています．複写される場合は，そのつど事前に，(一社)出版者著作権管理機構(電話 03-5244-5088, FAX 03-5244-5089, e-mail : info@jcopy.or.jp)の許諾を得てください．

【好評既刊 ● 47都道府県百科シリーズ】
（定価：本体価格3800〜4400円＋税）

47都道府県・**伝統食百科**……その地ならではの伝統料理を具体的に解説
47都道府県・**地野菜/伝統野菜百科**……その地特有の野菜から食べ方まで
47都道府県・**魚食文化百科**……魚介類から加工品、魚料理まで一挙に紹介
47都道府県・**伝統行事百科**……新鮮味ある切り口で主要伝統行事を平易解説
47都道府県・**こなもの食文化百科**……加工方法、食べ方、歴史を興味深く解説
47都道府県・**伝統調味料百科**……各地の伝統的な味付けや調味料、素材を紹介
47都道府県・**地鶏百科**……各地の地鶏・銘柄鳥・卵や美味い料理を紹介
47都道府県・**肉食文化百科**……古来から愛された肉食の歴史・文化を解説
47都道府県・**地名由来百科**……興味をそそる地名の由来が盛りだくさん！
47都道府県・**汁物百科**……ご当地ならではの滋味の話題が満載！
47都道府県・**温泉百科**……立地・歴史・観光・先人の足跡などを紹介
47都道府県・**和菓子/郷土菓子百科**……地元にちなんだお菓子がわかる
47都道府県・**乾物/干物百科**……乾物の種類、作り方から食べ方まで
47都道府県・**寺社信仰百科**……ユニークな寺社や信仰を具体的に解説
47都道府県・**くだもの百科**……地域性あふれる名産・特産の果物を紹介
47都道府県・**公園/庭園百科**……自然が生んだ快適野外空間340事例を紹介
47都道府県・**妖怪伝承百科**……地元の人の心に根付く妖怪伝承とはなにか
47都道府県・**米/雑穀百科**……地元こだわりの美味しいお米・雑穀がわかる
47都道府県・**遺跡百科**……原始〜近・現代まで全国の遺跡＆遺物を通観
47都道府県・**国宝/重要文化財百科**……近代的美術観・審美眼の粋を知る！
47都道府県・**花風景百科**……花に癒される、全国花物語350事例！
47都道府県・**名字百科**……NHK「日本人のおなまえっ！」解説者の意欲作
47都道府県・**商店街百科**……全国の魅力的な商店街を紹介
47都道府県・**民話百科**……昔話、伝説、世間話…語り継がれた話が読める
47都道府県・**名門/名家百科**……都道府県ごとに名門/名家を徹底解説
47都道府県・**やきもの百科**……やきもの大国の地域性を民俗学的見地で解説
47都道府県・**発酵文化百科**……風土ごとの多様な発酵文化・発酵食品を解説
47都道府県・**高校野球百科**……高校野球の基礎知識と強豪校を徹底解説
47都道府県・**伝統工芸百科**……現代に活きる伝統工芸を歴史とともに紹介
47都道府県・**城下町百科**……全国各地の城下町の歴史と魅力を解説
47都道府県・**博物館百科**……モノ＆コトが詰まった博物館を厳選
47都道府県・**城郭百科**……お城から見るあなたの県の特色
47都道府県・**戦国大名百科**……群雄割拠した戦国大名・国衆を徹底解説
47都道府県・**産業遺産百科**……保存と活用の歴史を解説。探訪にも役立つ
47都道府県・**民俗芸能百科**……各地で現存し輝き続ける民俗芸能がわかる
47都道府県・**大相撲力士百科**……古今東西の幕内力士の郷里や魅力を紹介
47都道府県・**老舗百科**……長寿の秘訣、歴史や経営理念を紹介
47都道府県・**地質景観/ジオサイト百科**……ユニークな地質景観の謎を解く
47都道府県・**文学の偉人百科**……主要文学者が総覧できるユニークなガイド